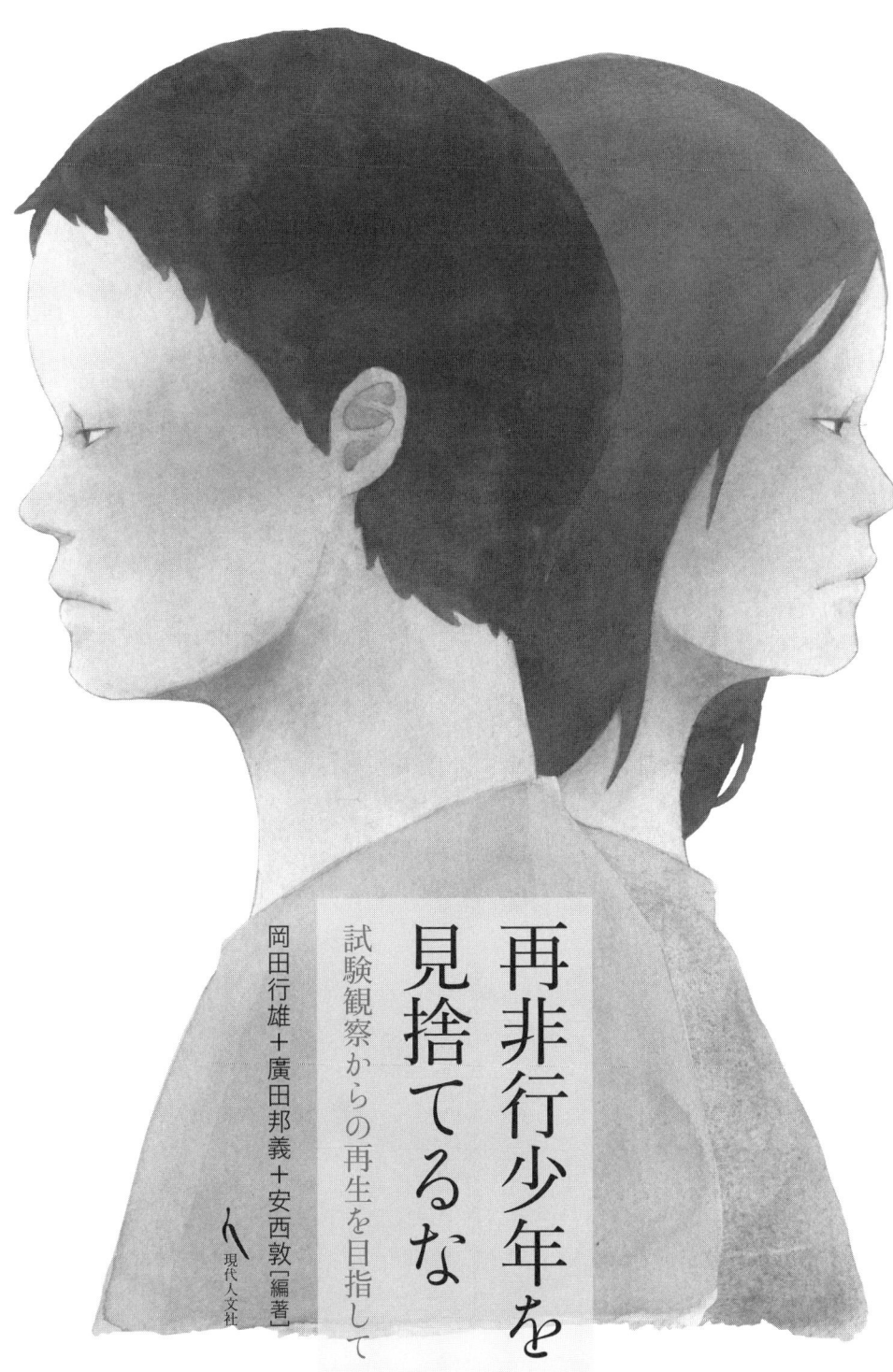

再非行少年を見捨てるな

試験観察からの再生を目指して

岡田行雄＋廣田邦義＋安西敦［編著］

現代人文社

はじめに

　少年非行の問題がメディア等で大きく取り上げられるようになってかなりの時が経ちましたが、非行少年のその後については必ずしも知られていないように思われます。この点について、最前線で少年非行問題に取り組んでいる専門家の間では、「一直線に問題が改善されるほうが稀である」とも指摘されています。つまり、再非行は少なからず起こるというのが現実のようです。

　他方で、最近では、再犯や再非行の問題も大きく取り上げられるようになりました。もっとも、再犯や再非行となると、一般の人々の反応は、「けしからん。一度は立ち直りのチャンスを与えたはずなのに……」という厳しいものになりがちのように思われます。しかし、たとえば、再非行少年を「けしからん」と切り捨てて、刑事施設に追いやってしまってよいのでしょうか。こうした切り捨ては、立ち直りの可能性をまだまだ秘めている少年の成長発達に必ずしも良い影響を与えるとは思えません。それに、どのような働きかけがその少年の成長発達に有効なのかを明らかにしないままで、単に刑事施設に収容するだけでは、結局、そうした少年たちを立派な累犯者にさせてしまうことは、過去の経験が教えるところでもあります。

　それでは、再非行少年に対してどのような取組みが必要なのでしょうか。

　通常、少年事件を起こしたと疑われた少年は、警察や検察による捜査

を経て、家庭裁判所（以下では、家裁と表記します）に送致され、家裁で、非行事実の有無を明らかにするための法的調査、そして、非行事実があると考えられる場合には、家裁調査官（以下では、調査官と表記します）による社会調査が行われ、必要があれば、少年審判が開かれ、少年が処分されるかどうかが決まります（例外的に、刑事処分が必要だという場合、検察官に逆送されることもあります）。

　ところで、少年が家裁に送致された後、少年審判のため必要があるときは、少年鑑別所に送致され、そこに収容されますが、通常、その収容期間は最長でも4週間であるため、この場合の社会調査は4週間以内に行われます。この社会調査は、もちろん、少年が非行に至った背景だけでなく、少年の立ち直りの可能性を明らかにしようとするものですが、この4週間では、それらを裏付ける資料が十分に集まらないことがあります。そうなると保護処分が必要かどうか、あるいは保護処分が必要だとして、どのような保護処分が必要なのか、裁判官が直ちに判断できなくなるのです。現行少年法は、途中で保護処分を変更できなくしましたから、裁判官は保護処分の選択を慎重に行わなければなりません。そこで、少年が非行に至った背景や少年の立ち直りの可能性を明らかにするための資料を調査官に十分に集めてもらうために、少年法25条に調査官の観察と題して定められた制度があります。これが、再非行少年に対する必要な取組みとして私たちが注目する、試験観察制度なのです。

　この試験観察は、最終的な処分を留保して、期間の定めなく行われます。また、この期間に、少年が守るべき遵守事項が定められたり、少年の補導を適切な人や団体に委託する補導委託が行われたりすることもあります。そして、本書で紹介される事例に出てくるように、少年に対す

るさまざまな働きかけもなされます（こうした働きかけのうえで少年の様子を観察することが試薬を与えてその後の様子を観察することにたとえられたために、実務上、試験観察と呼ばれてきたといわれています）。

　再非行少年の場合、通常の社会調査を通して、その少年の問題点や課題は明らかになっても、その少年が立ち直る可能性を明らかにすることはとくに難しいといわれてきました。だとすれば、たとえ、再非行少年に通常の社会調査だけで保護処分ないし刑事処分を行ったとしても、どうやってその問題点や課題を解消ないし緩和していくのか、あるいは、どのようにしてその少年が立ち直っていくのか、必ずしも見通しが立っているわけではないのです。そうした見通しの立たない保護処分や刑事処分が、その少年によるさらなる再非行の防止に役立つかどうかは運次第ということになってしまいます。

　実は、試験観察については、調査官や裁判官のみならず弁護士からも、その重要性が高く評価されてきました。その理由の一つとして、例えば、一見した限りでは手のつけられないような再非行少年であっても、試験観察を通して立ち直るきっかけや可能性を発見できたということが挙げられてきたのです。私たちが、再非行少年への取り組みとして、試験観察の重要性に注目する理由はここにあります。

　しかし、後で見るように、試験観察じたいが、かつてに比べると明らかに実施されなくなっています。かつて、元調査官は、試験観察を実施しないことが良いことのような雰囲気が家裁にはあったと指摘していましたが、最近では、試験観察をしようとの気持ちはもっていても、少年や保護者への対応や再非行への対処等に自信がないため、試験観察に消極的になっている調査官が多いそうです。そうすると、多くの問題を抱

えた再非行少年に弁護士付添人がついて、その立ち直りの可能性を発見するために試験観察が必要だと主張しても、なかなか調査官が実施の方向に踏み切れないのが現実のように思われます。これでは、試験観察制度はレベルアップするどころか、衰退するばかりです。また、これまでに試験観察事例が紹介されることはあっても、一見する限り手のつけられないような再非行少年へのものが紹介されることは必ずしも多くないようです。

　そこで、本書では、再非行少年への試験観察がどれほど実施されているかなど、データから見える試験観察の現状をまず確認したうえで、裁判官や調査官が試験観察の実施をためらうような再非行少年、すなわち、少年院をすでに経験した少年や何度も非行を繰り返してきた少年などに対して試験観察が実施された事例を、調査官に紹介してもらいます。そして、データと事例を踏まえたうえで、再非行少年への試験観察を中心に、試験観察やその実施にあたってどのような課題があり、それにどのように取り組むべきかなどについて考えてみたいと思います。

　なお、本書では読みやすさに配慮して、本文には注をつけずに、参考文献は一括して紹介させていただきます。また、本書で取り上げる試験観察事例は、もちろん実例ですが、少年のプライバシー保護のため、詳細は報告を控えるとともに、若干の加工が施されていることをご承知おきください。

　　執筆者を代表して

　　　　　　　　　　　　　　　　　　　　　　　　　　　岡田行雄

目次

はじめに 2

第1章 データから見える試験観察とその意味　岡田行雄……10

試験観察実施数の動向とその背景　10
重大事件における試験観察実施数　13
再非行少年への試験観察　15
再非行の頻度と試験観察　17
前件で少年院に送致された少年への試験観察　18
注目すべき再非行少年への試験観察　20

第2章 事例から見える試験観察……22

事例❶　仮退院後の再非行──「居場所を求めて」　23
事例❷　粗暴非行と無免許運転を繰り返して観護措置を4回受けた少年　30
事例❸　親子ゲンカ　38
事例❹　表面的な「更生」を見せたかった少年　41
事例❺　少年院仮退院直後の再非行　46
事例❻　非行歴のない少年の重大事件　51
事例❼　母子葛藤に悩んだ少年　56
事例❽　児童自立支援施設退園後の再非行──「頑張れ16歳の父親」　60
事例❾　保護処分歴のない少年が関与した振り込め詐欺　65
事例❿　不登校女子中学生に配置した学生ボランティアによる
　　　　ユニークな活動　70

············再非行少年を見捨てるな

第3章 処遇論からのアプローチ　廣田邦義 …………………… 76

はじめに　76
調査官調査　77
調査官調査に期待される基本姿勢　77
1．定点観測　77
2．少年・保護者への説明責任　78
3．段階処遇の問題点　79
4．面接中の雑談　80
5．現場へ出る　80

試験観察　81
1．意義　81
2．試験観察の減少　81
3．試験観察への期待　82

試験観察の視点　83
1．少年の被害体験に寄り添う　83
2．家族へのアプローチ　83
3．金銭管理と車の免許取得　84
4．共同試験観察　85
5．試験観察の期間　85
6．試験観察中の再非行　86

最後に　87

目次

第4章 弁護士付添人から見た試験観察の意義と課題　安西 敦…88

はじめに　88

試験観察に向けた付添人活動の視点　89
- 1．施設内処遇か社会内処遇かの見極めが必要な場合　89
- 2．社会内処遇が適当だと思われるが、すぐに終局処分にするのは心配な点がある場合　93

捜査段階における弁護士の活動と役割　94

試験観察決定に至るまでの付添人の活動と役割　95
- 1．家庭環境に問題がある場合　95
- 2．少年に資質上の問題がある場合　97
- 3．学校での問題について　98
- 4．就労先との関係について　100
- 5．帰住先の確保　101

試験観察決定後の付添人活動　103
- 1．試験観察中の少年との関わり　103
- 2．他機関との連携　104
- 3．最終審判までに問題が生じた場合　104

付添人から見た試験観察の課題　107
- 1．ノウハウの積み重ねと共有　107
- 2．付添人の試験観察に対する認識（原因論と処遇論）　108
- 3．調査官や裁判官との成功体験の共有　110
- 4．ケース研究会の活用　110

最後に　111

・・・・・・・・・・・・・・・・・・ 再非行少年を見捨てるな

第5章 **再非行少年を見捨てないために**　岡田行雄 ……………… 112
　　　——試験観察の課題について考える

　再非行少年を見捨てないために考えるべきこと　112

　試験観察の目的をどう考えるか？　112

　試験観察を通して明らかにされるべき事実　113

　試験観察における大きな裁量規制　116

　試験観察における少年の手続参加の必要性　117

　試験観察における少年の手続参加の具体的内容　118

　試験観察中の働きかけ　120

　試験観察に向けた人的・物的手当て　121

　試験観察の担い手拡大　122

　試験観察中の再非行の評価　124

　検証に向けたデータの公表　125

　専門性を向上させるための情報の共有　126

　年齢超過逆送の見直し　129

参考文献一覧　132

むすびに代えて　134

第1章
データから見える試験観察とその意味
岡田行雄

● 試験観察実施数の動向とその背景

　この章では、まず、試験観察がどれほど活用されてきたのかを見ていくことにします。家庭裁判所月報には、少年事件を、道路交通（法違反）事件、交通業過（交通事故により被害者が死傷した）事件、一般保護事件（道路交通事件、交通業過事件以外の少年事件）に分けて、1962年以降の試験観察を受けた少年の数が掲載されてきましたので、それに基づいて作成した試験観察の実施数とその実施率についてのグラフを見てみましょう。

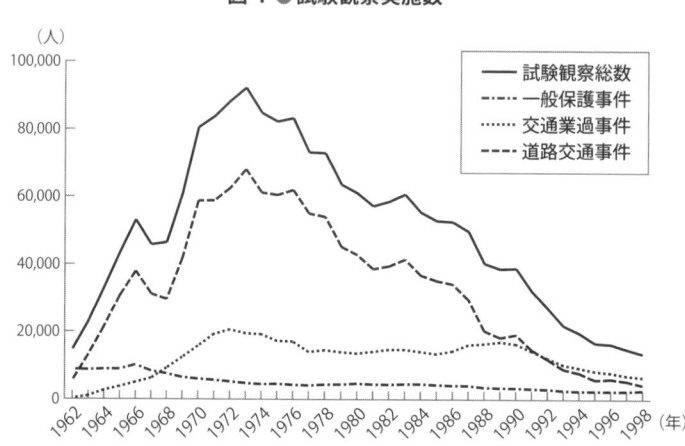

図1 ● 試験観察実施数

第1章 データから見える試験観察とその意味

図2 ●試験観察実施率

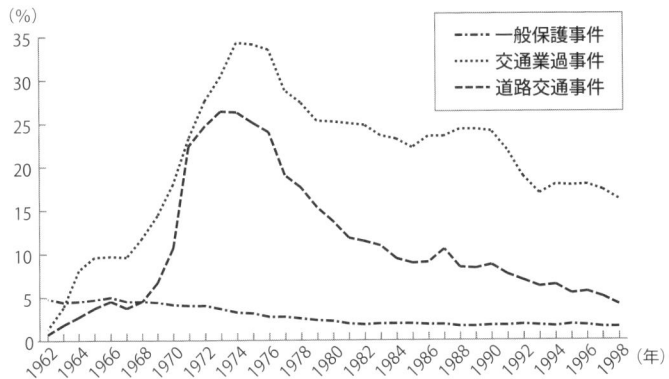

　これらのグラフからは、試験観察の実施数と実施率が、道路交通事件と交通業過事件で1970年代の中盤までは増加傾向にあったのに、それ以降、ほぼ一貫して減少しているということがわかります。また、窃盗や遺失物横領といった非行が中核を占める一般保護事件も、1966年をピークに減少し続けています。

　なお、これらのグラフでは1998年までの数字しか挙げることができません。その理由は、1999年以降、突然、家裁月報で発表される試験観察数の根拠となる資料が変更されて、この前後のつながりが失われたことにあります。しかし、一般保護事件については、司法統計年報によって試験観察の実施数をその後も追跡できますので、これに基づいて1999年以降の実施状況を見たものが表1です。

　これを見ると、1998年以降も試験観察の実施数は減少傾向で、実施率も頭打ちになっていることがわかります（ただし、実施率は、1999年以降では分母となる数字がそれ以前と異なっていますので、単純比較ができません）。

11

表1 ●試験観察実施数と実施率

年次	一般保護事件の終局人員	うち試験観察を経た人員	試験観察実施率
1999年	76,375	2,468	3.2%
2000年	74,822	2,521	3.4%
2001年	77,967	2,407	3.1%
2002年	81,538	2,385	2.9%
2003年	79,579	2,199	2.8%
2004年	76,897	2,209	2.9%
2005年	68,152	2,130	3.1%
2006年	61,837	1,940	3.1%
2007年	58,025	1,848	3.2%
2008年	52,592	1,629	3.1%
2009年	53,299	1,572	2.9%

　それでは、なぜ1960年代から1970年代中盤まではかなり実施されていた試験観察が、その後あまり実施されなくなったのでしょうか。

　実は、試験観察については、1970年に法務大臣が法制審議会に諮問した「少年法改正要綱」で、試験観察期間中に行われる少年への働きかけや、試験観察には期間に定めがないために少年が長期にわたり不安定な状態に置かれることが問題視されました。当時、少年院に送致される少年の数がどんどん減少しており、それは、家裁による試験観察が法務省の機関による処遇を先取りしてしまっているからだと考えられたのかもしれません（結局、1977年の法制審議会による少年法改正に関する中間答申では、「補導委託の期間制限等試験観察に関する規定を整備する」ことが、「差し当たり速やかに改善すべき事項」の一つとして掲げられました）。その後、交通短期保護観察が制度化されるなどの保護処分の多様化が1970年代以降に実施され、それまでに道路交通事件や交通業過事件への試験観察

で実施されてきた自動車学校での合宿講習などが、この交通短期保護観察にとって代わられたことが、試験観察の減少要因の一つとして指摘されてきました。

しかし、それ以上に注目されるべきは、1980年代に最高裁の「少年事件処理要領モデル試案」に基づき各地の家裁で作成された「事件処理要領」に従い、少年事件の画一的で迅速な処理が進められることになった点です。こうした動きが進めば、期間の定めがなく、少年に応じて調査官がさまざまな働きかけを行う試験観察は敬遠されるようになるのは無理からぬことでしょう。少年事件の画一的で迅速な処理に向けた雰囲気や圧力が、試験観察が実施されにくくなった最大の理由であるとのベテラン調査官による指摘は説得力があるように思われます。

●重大事件における試験観察実施数

この「モデル試案」では、被害が軽微な事件については簡単に社会調査を済ませて審判不開始で終えることが示唆されていますが、その反射的効果として、結果が重大な非行には迅速に重い処分を課すという基準ができることが危惧されていました。この危惧が妥当しているとすれば、以前に比べると、重大事件で家裁に送致された少年には試験観察が実施されにくくなると考えられます。

そこで、司法統計年報に拠って、殺人（未遂と強盗致死を含む）、強盗（強盗致傷、強盗強姦、集団強姦を含む）、強姦（強姦致死傷を含む）、そして傷害致死を重大事件としてくくって、一般保護事件で試験観察を経た者のうち、重大事件で家裁に送致された者が占める割合が、1970年以降どのように変化したかを見てみましょう（表2）。

再非行少年を見捨てるな

表2 ● 試験観察に占める重大事件の割合

年次	試験観察を経た人員	うち殺人等	うち傷害致死	うち強盗等	うち強姦等	重大事件計	割合
1970年	6,016	22	9	163	355	544	9.0%
1971年	5,669	12	6	143	343	504	8.9%
1972年	5,224	13	5	113	307	438	8.4%
1973年	4,746	13	6	107	312	438	9.2%
1974年	4,469	9	15	92	298	414	9.3%
1975年	4,563	11	4	117	237	369	8.1%
1976年	4,266	6	5	79	185	275	6.4%
1977年	4,141	7	4	49	132	192	4.6%
1978年	4,389	8	3	51	93	155	3.5%
1979年	4,430	13	1	47	101	162	3.7%
1980年	4,681	8	0	41	103	152	3.2%
1981年	4,449	2	2	66	89	159	3.6%
1982年	4,369	9	6	51	102	168	3.8%
1983年	4,521	5	5	63	48	121	2.7%
1984年	4,533	7	0	51	59	117	2.6%
1985年	4,300	8	4	44	49	105	2.4%
1986年	4,115	4	1	43	55	103	2.5%
1987年	4,069	6	0	43	44	93	2.3%
1988年	3,563	4	2	37	45	88	2.5%
1989年	3,430	5	4	31	42	82	2.4%
1990年	3,372	5	7	39	22	73	2.2%
1991年	3,177	5	0	63	20	88	2.8%
1992年	3,049	4	2	63	21	90	3.0%
1993年	2,658	0	1	58	21	80	3.0%
1994年	2,490	1	6	64	17	88	3.5%
1995年	2,484	3	4	99	23	129	5.2%

1996年	2,429	1	6	99	12	118	4.9%
1997年	2,434	0	2	142	13	157	6.5%
1998年	2,662	4	16	140	16	176	6.6%
1999年	2,469	2	2	114	23	141	5.7%
2000年	2,521	2	4	137	19	162	6.4%
2001年	2,408	6	3	131	11	151	6.3%
2002年	2,386	1	0	131	13	145	6.1%
2003年	2,200	3	0	109	12	124	5.6%
2004年	2,211	1	2	115	12	130	5.9%
2005年	2,131	0	0	130	6	136	6.4%
2006年	1,941	2	0	90	1	93	4.8%
2007年	1,849	3	0	70	2	75	4.1%
2008年	1,629	0	0	59	6	65	4.0%
2009年	1,572	1	6	45	5	57	3.6%

　この表が示すように、重大事件で家裁に送致された少年のうち、試験観察を受けた者の数は1970年代後半から減少していきました。とくに、強姦事件での減少は顕著です。なお、1995年から10年間ほどは、強盗等については試験観察実施数が上昇していますが、このなかには、万引きを犯した少年が発覚を防ごうとして他者を傷つけてしまったという、事後強盗致傷のケースが増加しているからなのかもしれません。

●再非行少年への試験観察

　次に、本書で注目する再非行少年への試験観察については、司法統計年報で、一般保護事件で試験観察が実施された者のうち、交通業過事件以外で以前に処分されたことのある者が抽出されていますので、再非行少年の占める割合を見ることができます。そこで、1970年以降の動向

を見てみましょう（表3）。

表3 ● 試験観察を経た者に占める再非行少年の割合

年次	試験観察を経た人員	うち前処分あった人員	割合	年次	試験観察を経た人員	うち前処分あった人員	割合
1970年	5,016	2,342	46.7%	1990年	2,869	1,681	58.6%
1971年	4,833	2,031	42.0%	1991年	2,725	1,703	62.5%
1972年	4,485	1,961	43.7%	1992年	2,610	1,543	59.1%
1973年	4,053	1,784	44.0%	1993年	2,305	1,339	58.1%
1974年	3,928	1,751	44.6%	1994年	2,204	1,279	58.0%
1975年	4,002	1,837	45.9%	1995年	2,233	1,243	55.7%
1976年	3,753	1,756	46.8%	1996年	2,149	1,166	54.3%
1977年	3,664	1,740	47.5%	1997年	2,221	1,197	53.9%
1978年	3,910	1,844	47.2%	1998年	2,423	1,241	51.2%
1979年	3,929	1,964	50.0%	1999年	2,468	1,343	54.4%
1980年	4,197	2,152	51.3%	2000年	2,521	1,386	55.0%
1981年	4,049	2,208	54.5%	2001年	2,407	1,333	55.4%
1982年	3,960	2,072	52.3%	2002年	2,385	1,396	58.5%
1983年	4,075	2,089	51.3%	2003年	2,199	1,316	59.8%
1984年	4,114	2,220	54.0%	2004年	2,209	1,321	59.8%
1985年	3,802	2,210	58.1%	2005年	2,130	1,219	57.2%
1986年	3,553	2,082	58.6%	2006年	1,940	1,138	58.7%
1987年	3,588	2,121	59.1%	2007年	1,848	1,051	56.9%
1988年	3,106	1,919	61.8%	2008年	1,629	929	57.0%
1989年	2,912	1,692	58.1%	2009年	1,572	863	54.9%

　この表からも明らかなように、1970年以降、試験観察の実施数じたいは減少傾向であるのに、試験観察実施数全体に占める再非行少年への試験観察の割合は、1980年代後半にかけてピークを迎え、その後も1970年代に比べれば高い水準を保っています。したがって、試験観察

は再非行少年に対して比較的多く行われてきたことがうかがえます。

●再非行の頻度と試験観察

ところで、1998年の司法統計年報までは、一般保護事件で試験観察が実施された少年につき、過去に何回処分されたことがあるのかが明らかにされていました（もっとも、ここでの処分とは、家裁に事件が係属したものの、審判不開始や不処分で終わった場合も含まれています）。そこで、1970年から1998年までに、試験観察が実施された再非行少年の再非行頻度を示す数字の動向について見てみましょう（表4）。

表4●試験観察を経た者の処分歴

年次	試験観察を経たうち前処分のあった人員	前処分1回	前処分2回	前処分3回	前処分4回以上	前処分4回以上の割合
1970年	2,342	1,183	591	317	251	10.7%
1971年	2,031	1,111	467	266	187	9.2%
1972年	1,961	1,119	476	222	144	7.3%
1973年	1,784	1,030	422	200	132	7.4%
1974年	1,751	986	409	208	148	8.5%
1975年	1,837	1,011	453	224	149	8.1%
1976年	1,756	963	437	210	146	8.3%
1977年	1,740	897	487	206	150	8.6%
1978年	1,844	947	465	254	168	9.1%
1979年	1,964	998	497	270	199	10.1%
1980年	2,152	1,038	548	337	229	10.6%
1981年	2,208	1,036	603	309	260	11.8%
1982年	2,072	1,024	521	295	232	11.2%

1983年	2,089	950	561	308	270	12.9%
1984年	2,220	1,023	597	305	295	13.3%
1985年	2,210	912	608	356	334	15.1%
1986年	2,082	886	552	350	294	14.1%
1987年	2,121	884	541	365	331	15.6%
1988年	1,919	772	538	319	290	15.1%
1989年	1,692	657	466	285	284	16.8%
1990年	1,681	667	495	264	255	15.2%
1991年	1,703	702	468	283	250	14.7%
1992年	1,543	668	449	235	191	12.4%
1993年	1,339	561	404	216	158	11.8%
1994年	1,279	537	381	205	156	12.2%
1995年	1,243	581	362	178	122	9.8%
1996年	1,166	563	330	157	116	9.9%
1997年	1,197	634	335	129	99	8.3%
1998年	1,241	660	357	143	81	6.5%

　この表からは、1980年代の後半にかけて試験観察を受けた少年に占める非行を重ねた少年の割合が増加したものの、1990年代後半にかけてそれが以前よりも低下してきたことがわかります。大変残念なことに、1999年以降の動向は明らかにされていませんが、試験観察じたいが減少傾向にある現在では、非行を多数重ねてきた少年に試験観察が実施される可能性は乏しいものと思われます。

●前件で少年院に送致された少年への試験観察

　以前の非行ですでに少年院に送致されたことがある少年による再非行があったとすれば、裁判官がその少年を、以前より非行性が進んでいる

ことを理由に、さらに非行性が進んだ少年を対象とする少年院に送致することや、刑事処分相当として検察官に逆送することが当然のように思われます。

他方で、調査官からは、少年を何度も少年院に送致したとしても、必ずしもそれが少年の成長発達に良い効果を与えないので、少年院などへの収容を回避しようとの観点から、試験観察の可能性を探る必要性が説かれることもあります。

ところで、1978年から1998年までの司法統計年報では、試験観察が実施された再非行少年について、前回の処分内容も明らかにされていました。そこで、この期間について、前回の処分が少年院送致で試験観察が実施された少年の数と、その割合を見てみましょう（表5）。

表5 ● 前処分が少年院送致だった少年の試験観察実施数とその割合

年次	試験観察を経たうち前処分のあった人員	前処分が少年院送致の人員	割合	年次	試験観察を経たうち前処分のあった人員	前処分が少年院送致の人員	割合
1978年	1,844	127	6.9%	1989年	1,692	243	14.4%
1979年	1,964	171	8.7%	1990年	1,681	209	12.4%
1980年	2,152	195	9.1%	1991年	1,703	231	13.6%
1981年	2,208	221	10.0%	1992年	1,543	162	10.5%
1982年	2,072	198	9.6%	1993年	1,339	171	12.8%
1983年	2,089	252	12.1%	1994年	1,279	169	13.2%
1984年	2,220	251	11.3%	1995年	1,243	163	13.1%
1985年	2,210	319	14.4%	1996年	1,166	151	13.0%
1986年	2,082	292	14.0%	1997年	1,197	153	12.8%
1987年	2,121	290	13.7%	1998年	1,241	141	11.4%
1988年	1,919	281	14.6%				

このデータからは、1980年代後半にかけて、直前の非行により少年

院に送致された少年への試験観察の実施割合が、わずかではありますが上昇傾向にあったことがわかります。さらには、ここでは直前の処分だけが取り出されていますので、少年院に送致された経験のある少年に試験観察が実施される割合は、もう少し高いものと思われます。

　しかし、この期間に、前処分が少年院送致だった少年への試験観察が再非行少年への試験観察に占める割合は15％を超えることがなかったわけですから、それはむしろ珍しいものと言わざるをえません。そして、その後の試験観察の一般的傾向に鑑みると、やはり、少年院に送致された経験のある少年に試験観察が実施される可能性は低くなっていると考えるべきでしょう。

●注目すべき再非行少年への試験観察

　ここまでで、試験観察の実施数や割合は減少傾向にあり、とりわけ重大事件ではその傾向が強いけれども、再非行少年への試験観察は一定の割合で実施されていることがわかりました。しかし、非行を何度も重ねた少年や、少年院を経験した少年の場合は、試験観察が実施されにくいことも明らかになったように思います。また、司法統計では、再非行が重大事件であった少年についての試験観察については明らかにされていません。しかし、ここまで見てきたデータから考えると、この場合も、試験観察が実施されにくいのではないかと推測できます。

　ところで、何度も非行を重ねた少年や、少年院を経験した少年、さらには再非行が重大事件であった少年に、試験観察がまったくなされなくなったら、どのようなことになるのでしょうか。

　こうした少年たちが家裁に送致されてきた場合、まず少年鑑別所に収容する観護措置が取られたうえで、調査官による通常の社会調査がなさ

れると思われますが、こうした場合、少年たちの問題性ばかりが明るみになりがちだと指摘されています。言い換えれば、こうした少年たちの長所や、その成長発達を支援する者などは、未発見のままに社会調査が終わることになりかねないのです。これでは、非行性が進んだ少年向けの少年院送致や刑事処分（懲役刑）しか、処遇の選択肢はありえないことになってしまいます。しかし、こうした場合、少年院や刑事施設でどうやって少年の問題性を解消ないし緩和するのかという道筋は、少年審判や刑事裁判の時点で必ずしも明らかになっていないのです。そのような状況で選択された処遇が、本当に少年の再非行や再犯を防止するものとなるのでしょうか。

　また、日本国憲法や日本も批准している子どもの権利条約の観点からは、たとえ非行少年であったとしても、その自由を拘束する処分は、必要最小限のものではなければなりません。しかし、上で挙げたような少年たちが社会の中で成長発達する可能性を、調査官が十分に調査していないとしたら、その結果選択される少年院送致という処遇は、必要最小限のものとは言えなくなるはずです。

　したがって、何度も非行を重ねた少年や、少年院を経験した少年、そして再非行が重大事件であった少年にも試験観察の実施を検討し、そうした少年たちの長所や支援者などを発見することを通して、可能な限り、少年が社会の中で成長発達する道筋をつけることが調査官に求められていることと言えるでしょう。そして、裁判官や調査官が、一見の限りでは困難と思う試験観察を実施してみて、そのなかで少年の成長発達の可能性を発見することができれば、試験観察だけでなく少年司法の質を向上させ、少年の再非行や再犯防止に役立つだけでなく、裁判官や調査官のレベルアップにも役立つのではないでしょうか。

第2章 事例から見える試験観察

　本章では、再非行少年に対するものを中心に、全部で10の試験観察事例を調査官から紹介してもらいます。なお、事例の内容をわかりやすくするために、事例を、①何度も再非行が繰り返された事例、②少年院仮退院後の再非行事例、③非行が強盗などの重大事件事例、④その他の事例の４つのパターンに分類し、当該事例が当てはまる事例パターン番号を冒頭につけました。

　事例紹介は、【非行】(本件非行とそれに至るまでの経緯)、【特徴】(少年やその生育環境などの特徴点)、【試験観察の理由】(調査官が試験観察を実施しようと考えた理由)、【試験観察の経過】(試験観察中の状況)、【その後】(試験観察終了後の状況)から成り立っています。さらに、事件を担当された弁護士付添人の方からコメントをいただけた事例には、【付添人のコメント】も付け加えられています。

　なお、この10事例は、さまざまな地域に勤務する男女５人の調査官から提供していただきました。大都市での事例、地方での事例も含む貴重な試験観察の実践例です。こうした実践例から、私たちはまだまだ多くのことを学ぶことができるはずなのです。

第2章 事例から見える試験観察

事例❶ 仮退院後の再非行──「居場所を求めて」

事例パターン①②

【非行】

　翔太は17歳。14歳時、傷害と器物損壊で初等少年院に送致されました。15歳で仮退院。約１年間、家裁係属はありませんでしたが、暴力団関係者を含む不良交友は続いていました。16歳になると２回続けてオートバイの窃盗と無免許運転が発覚して保護観察処分を受けました。その決定を受けた審判直後に成人を含む９名と警察署付近を集団暴走のうえ、この騒ぎで外へ出てきた警察官に打ち上げ花火を発射して逃走しましたが、２カ月後に公務執行妨害で逮捕されました。

【特徴】

1　翔太は父親からの身体的な虐待と母親の家出により、小学１年生から小学４年生までを３歳年下の弟とともに養護施設で生活しました。小学５年生の時、所在不明の母親に代わり母方叔母が翔太と弟を養護施設から引き取りました。こうした不遇な成育史を反映し、母親への愛情欲求不満や恨みなどの屈折した思いを強くもったまま学童期を過ごしました。知能は平均域でしたが、人付き合いがうまくなく、臨機応変な対応が苦手と指摘されていました。中学入学時、母親の再婚を契機に叔母宅から弟と一緒に母親と養父のもとへ引き取られました。しかし、母親に抱いていた思いはことごとく裏切られ、異父兄弟４人との生活に自分の居場所はなく、不安定な心理状態に置かれていました。中学校では非のない生徒を挑発し、先制攻撃を仕掛け、腕力で支配する暴力行為を繰り返していました。

2　母親は翔太と同じように小学校の５年間を養護施設で過ごし、親からの愛情を受けずに育ちました。18歳で結婚。父親は３カ月の赤ん坊

だった翔太を投げ捨てるような人物でした。2年後に離婚し、すぐに再婚して弟を出産しましたが、子どもの養育を放棄して数年間所在不明になりました。現在の養父は3度目の再婚相手で、2人の間に子どもが2人います。養父は傷害事件を起こして服役中です。

3 翔太は母親や現在の養父への不満がうっ積しており、家庭内には精神的にも物理的にも居場所がないと感じています。そのため、児童自立支援施設への入所を検討しましたが、受入れ施設がありませんでした。

4 翔太は、少年院仮退院後、母親と同居しましたが、1カ月後には家を出て恋人の家で生活を開始しました。土木作業員をしながら翔太なりに頑張りましたが、この努力は恋人の両親には認められませんでした。とくに恋人の妊娠が判明したころから出産に難色を示す恋人の親との対立が激化し、さらに恋人からは金銭面のルーズさも指摘されて家を飛び出しました。友人宅を転々とするなかで従前の不良交友が復活し、無免許運転や暴走行為を繰り返すなかで本件非行に至ったわけです。恋人の出産後、1度だけ赤ん坊と対面しましたが、その後は恋人とも音信不通が続いていました。

【試験観察の理由】

1 前件時、試験観察を検討しましたが、家庭と学校に翔太の居場所は見出せませんでした。また、傷害等の粗暴非行は拡大傾向にあり、再非行の可能性が高く、翔太の自己イメージをさらに悪化させることから再非行を止めることが重要と考えました。少年院教育では可能な限り担当教官との個別面接を実施し、母親には翔太との定期的な面会を続けるように指導しました。出身中学とは定期的な学習支援等の協力を確約したうえで、初等少年院送致になりました。また、仮退院後に再非行が係属した時には、「本件では少年院送致を選択したが、次回は在宅指導が実

行可能な条件を探したうえで試験観察を検討していただきたい」との意見を付しました。

2　少年院では、翔太と母親との定期的な面会や通信を通じて、お互いの気持ちを理解させようと試みられました。翔太は、担当教官とも良好な関係を維持し、日課にも積極的に取り組む姿勢を見せていました。また、出身中学の教師も学習支援を続け、担当調査官は定期的な動向視察を実施しながら少年との面接を続けて変化を感じ取っていました。最短期間で仮退院したという点で、翔太は、きちんと評価される場面では地道に努力できる人間あることが証明されたわけです。

3　仮退院後は粗暴事件が影を潜めましたが、無免許運転は繰り返されていたようでした。翔太の粗暴性は否定できませんが、前件時よりも自重的な構えが生じてきていると評価できました。また、本件非行は成人の暴力団関係者から命令されて従った面もあり、翔太自身も不良交友から離れようとの気持ちが芽生えていました。本件が、不良交友を断つ絶好の機会になると考えられました。

4　翔太は、養護施設から少年院と施設生活が長く、もっと社会体験を積むことが必要であり、これ以上の施設収容はマイナス効果になるのではないかと考えました。県外で母親と一緒に再出発することから新たな親子関係が生まれることを期待して試験観察が実施されました。

【試験観察の経過】

1　当庁での面接は行き帰りに非行仲間と会う可能性が高いのでやめました。面接場所は県外のT家裁としました。

2　遵守事項は少年の意見を取り入れて決めました。具体的には、母親とT市で生活すること、仕事をすること、無免許運転の禁止等としました。

3　当分の間、T市の母方祖父母宅で母親と一緒に生活することになりました。就職先（土木作業）は少年が探しました。雇用主（22歳）は元非行少年で試験観察をよく知っているようでした。翔太は仕事で頑張りました。２カ月後にはがっちりした体つきになり、雇用主からもよく仕事をすると評価されました。ただ、母親は高収入を求めてスナックで働くようになり、少年とすれ違いの生活になりました。少年は母親に昼間の仕事をするように何度も伝えましたが、受け入れられずに不満を述べるようになりました。さらに、３歳年下の弟を引き取り、一緒に生活しようと提案しましたが、母親は何もしませんでした。このままでは再び少年と母親が衝突すると思われたので、調査官は少年の気持ちを母親に伝えようとしましたが、母親は出頭しなくなりました。

4　ついに母親は所在不明になりました。困った場面になると逃げ出すと少年は非難しました。母親は少年だけでなく祖父母とも争いが絶えなかったようです。少年は叔母宅に戻りました。

5　翔太は土木作業員として５カ月近く頑張っていたのですが、給料の支払いが遅延するようになったのです。雇用主に話をしても、２カ月先には払うと言いながらも支払いはありませんでした。親会社の倒産で仕事が少なくなったようです。

6　叔母は独身で一人暮らし。喫茶店を自営しています。翔太は小さいころより面倒を見てもらっているので、気分的に楽なようです。母親とは実の姉妹ですが、相性が悪く一緒には生活できないようでした。

7　翔太は叔母の喫茶店を手伝いながら職探しをすることなりました。この間、再非行はなく、県外生活を続けたことから不良交友も中断しました。約10カ月後保護観察で終局しました。

【その後】
　翔太は母親との同居をめざして再出発しました。しかし、母親が家出したため叔母宅へ移りました。調査官は母親との同居にこだわりすぎたようです。翔太は、実の母親よりも叔母宅に自らの居場所を見つけようとしていることわかってきました。今後の生活については不安ですが、叔母との生活こそ新たな一歩だったかもしれません。試験観察終局後半年が過ぎましたが、再非行はなく、新しい就職先で土木作業員をしながら叔母と生活しています。

【付添人のコメント】
1　少年の場合、少年院送致の保護処分を受けたことがあり、そのうえ、仮退院中に非行を行い、さらにその保護観察中に本件非行に及んだという事情がありました。
　最初の面会をして大筋の事情を聞いたとき、私としては少年には厳しい処分が下されることを予想しました。そこで、再度の少年院送致を避けるための残された唯一の選択肢として試験観察を提案することを検討していました。そういった事情もあり、調査官に試験観察を提案したのは早い段階の事でした。
　その後、調査官と初回の打合せを行い、試験観察を提案しました。すると、調査官も私と同様に試験観察で様子を見ることで、少年の自主的な立ち直りをサポートするべきという意見を持っていることがわかりました。この段階から、調査官と付添人とは協同する立場になりました。
　少年の処分については厳しいものになるほかないと覚悟していた私にとっては、思わぬところで味方を得た思いでした。
2　少年は、審判前に面会した際、非常に礼儀正しく、重大事件を起こすようなタイプにはとても見えませんでした。しかし、一方では、仲間

に引きずられやすい少年だという印象をもちました。それは、少年が常に他人が自分をどう見ているのか気にしているような様子だったからです。

　実際これまでの非行の内容は、単独行動的なものは少なく、多人数で連れ立ってのものがほとんどでした。

　少年は、少年院を仮退院しその保護観察中に非行を行い保護観察を重ねて受け、そんな状況の中で本件非行を行ってしまったということで、自分が少年院に送られることは確実であるという心境になっていました。そのためかもしれませんが、少年は非常に神妙な態度になっていたように思います。

　しかし、少年は他の多くの非行少年のように、少年院に送られることが確実だからと捨て鉢で反抗的な態度になるタイプではありませんでした。少年は、素直に自分のしたことを受け止めて素直に反省できるタイプであり、その点でも自主的な立ち直りに期待がもてると思いました。

3　少年と数度の面会を重ねた時点で、調査官と私との間には、少年は現在の交友関係を断ち切ることさえできれば、彼自身の意思で自主的に立ち直ることができるとの共通認識があったように思います。そこで、調査官と私は、現在の交友関係の及ばない県外において試験観察を行うことはできないかと考えました。

4　少年はもともと隣県出身であり、母親をはじめとして親族の多数は隣県にいるという事情があったため、隣県における試験観察という方法が良いのではないかという話になりました。

　しかしここで、前件から関与している調査官から異論が出ました。それによると、少年の場合は母子間の関係が完全にはうまくいっておらず、母親の生活能力自体も十分ではないので、叔母（母親の妹）と母親、少年の３人で暮らすことにした方がいいのではないか、というものでし

た。結局、審判の結果、少年は隣県の祖父母のもとで母と暮らすという条件で試験観察が実施されることになりました。

5　試験観察中の少年の生活態度は非常に真面目なものであり、仕事にも休まず通っていました。しかし、突然少年の祖父が急病で倒れたり、勤め先の業績の悪化により給料の支払いが遅れたり、さらに給料が一方的に減額されたりするようなことが起こりました。

調査官も私も、少年には、真面目に生活をすることによって正当に評価されるという成功体験を積ませてあげたいと考えていました。そのような体験を積むことで、少年の心境が変化して、良い方向に向かっていくのではないかと思っていたからです。

しかし、ここで突如として少年に責任のない出来事で、彼のせっかくの努力が報われないという事態が起こってしまいました。

この時期、調査官と私は、少年がせっかく出したやる気を失ってしまったりはしないか気を揉んでいました。

6　また、母親の生活態度にも大きな問題がありました。母親はなかなか昼間の仕事に定着できず、その焦りもあったのか、些細なことから少年を置いて家を出て行ってしまったりしました。

そして、結局最後まで、少年との親子関係を完全には修復できませんでした。

調査官や私としては、少年には、安定した生活環境で暮らすことによる充実感も体験してほしいと思っていたのですがそれも難しくなり、やきもきしていました。

7　そして最終審判の日を迎えました。

調査官と私は、少年がやけを起こしてしまうのではないかずっと心配していましたが、少年は自分の意思で頑張り抜き、最後まで問題行動を起こすことはありませんでした。

少年が、突然の困難に負けずに試験観察をやり遂げたことは、調査官にとっても私にとっても非常にうれしいことでした。

事例❷ 粗暴非行と無免許運転を繰り返して観護措置を４回受けた少年

事例パターン①

【非行】

1　大志は小学６年生のころから原付盗と無免許運転が始まり、自ら警察へ通報してパトカーを出動させて逃げ回るような一幕もありました。非行歴のある年長者との結びつきが強く、児童相談所で継続的な指導を受けていました。

2　14歳（中学２年生）時、年長者と一緒に原付車で爆音を立てて蛇行運転と信号無視を繰り返して、共同危険行為で観護措置がとられました。この件については、児童福祉司の指導力と実績を重視して在宅指導を前提とした児童相談所長送致となりました。

3　15歳（中学３年生）時、再び原付盗と無免許運転で２回目の観護措置となり、試験観察決定となりました。この試験観察は、児童相談所と家裁のダブル指導を実施しました。大志は、家庭では母親との確執から相互不信に陥っていて、学校では教師への反発を強めて指導に従いませんでした。さらに年長者とのケンカや地域の不良交友も目立ちました。しかし、決定的な事件は起こさずに中学を卒業して職業訓練校への入学が決まったところで、保護観察にバトンタッチされました。職業訓練校は３カ月で退学。土木作業員やとび職として働き始めました。転職は多いものの、仕事ぶりは雇用主から高く評価されていました。

4　17歳時、盛り場で傷害事件を起こしました。一緒にいた先輩（22歳・

暴力団員）が酒に酔った勢いで通行人とケンカを始め、大志は様子を見ていましたが、先輩から「何をしよんや、早く殴れ」と言われて拳で通行人の顔面や腹部を一方的に殴ったというものです。診断書は全治20日間。3回目の観護措置となり少年院送致も検討されましたが、仕事へのやる気と交友関係を改善したいという決意に期待して、再び試験観察となりました。大志はとび職として一生懸命働き、交友関係も先輩から離れるなど好転の兆しが見られました。ボクシングジムに通い、地方大会で好成績を収めるようになりました。半年後、再度の保護観察で終局しました。

5　19歳時、普通乗用車の無免許運転と成人男性（25歳）に対する傷害事件で4回目の観護措置となりました。これが本件です。大志は1年以上勤務したとび職を辞めてブラブラしていたため、母親から「出て行け」と言われて自宅を出て、友人宅を転々としながら最後は前件の先輩（暴力団員）の家で生活するようになっていました。無免許運転は、先輩を盛り場へ迎えに行くためのものでした。そして、傷害は盛り場で先輩を待っている時に巻き込まれたものでした。大志によれば、怒鳴り声が聞こえたので近づくと、ゴルフクラブを持った男が通行人と口論になっていたので危険を感じて仲裁に入ると、男から「子どもは口出しするな」と言われてカーッとなり、ゴルフクラブを取り上げて男の顔面を平手打ちし、背中や上腕部を拳で殴ったというものでした。診断書は全治5日間となっていました。

【特徴】

1　大志は、小柄だが筋肉質で俊敏、腕力が強くプロボクサーをめざしてトレーニングを積んでいました。地域では同年代のボス的な存在でした。

2　知能は「中の下」の段階。面接では終始笑顔を保ち、不快な感情や不満を表に出すことはしませんが、基底には強い不遇感や劣等感、被害感情があり、不満を抱きやすい傾向も見られました。

3　幼児期に両親が離婚し、ともに育児を放棄したため、大志は母方祖父母に養育されました。母親は数年間所在不明になっていました。大志は母親から捨てられたとの気持ちが強く、２人は相性の悪さを感じていました。母親は親というよりも姉的な存在で、養父との再婚後、精神的に安定した時期もあったようですが、周期的に不安定になる傾向がうかがわれ、パニック障害の診断を受けていました。

4　養父は大工として黙々と仕事をして家計を支えており、大志からは仕事熱心でやさしい人物と見られ、母親も自分が感情的になっても知らん顔でわが道を行くタイプだと述べています。大志との関係は良好で、養父は大志に大工の仕事を手伝ってもらいたいと考えていました。

5　大志の非行は、無免許運転と傷害が繰り返されています。無免許運転は小学生から始まり、バイクによる暴走的な走りを追求してきました。現在は暴走族から離れましたが、普通車への関心が高まっています。同年齢の仲間が運転しているのを見ると我慢できなくなるのですが、これまでの無免許運転のために免許は５年間取得できません。他方、傷害は巻き込まれたケンカの中で生じています。静観できずに人前でケンカの強い自分をアピールしようとの気持ちが強いと見られます。傷害事件の被害者は成人男性であり、年少者への暴力はなく、金銭を要求するようなこともありません。

6　交友関係は地域の暴力団員や非行・犯罪歴のある成人が多く、地域ではケンカの強さで一目置かれています。また、彼らのなかには覚醒剤等の薬物乱用者も含まれているので、予後に不安を残していました。

第 2 章　事例から見える試験観察

【試験観察の理由】
1　本件傷害事件は、前件のように冷静さを失い被害者を一方的に暴行するのではなく、ケンカを仲裁しようとして起きたものです。また、暴行場面でも顔面は拳ではなく平手打ちにするなど、被害者のダメージを軽減しようとの配慮がうかがわれました。これは大志の成長を示すものです。この成長をきちんと評価することが、再非行の防止につながると考えました。
2　無免許運転の常習性は否定できず、今後も再非行が危惧されますが、免許が取得可能になるまでの道筋をきちんと示すことが必要でした。
3　母親との確執は深まっており、母子関係の調整はきわめて困難と思われました。しかし、大志は養父の仕事を手伝いたいと希望しており、養父も大志に期待していました。また、養父の仕事を手伝うことで自宅に帰る理由ができます。大志は母親に反発しながらも、内心は一緒に生活したいという気持ちが強いのです。大志の仕事ぶりを通じて母子関係の変化を期待しました。
4　仲間の多くは少年院歴を有しています。大志を少年院送致にすれば、彼らとの共通点ができて結びつきを強める可能性が高くなります。大志の自立には、県外就職等によりこの地域から離れることが不可欠と考えました。試験観察は交友関係を改善する絶好の機会であると考えました。

【試験観察の経過】
1　大志は再度の試験観察決定に驚き、そしてやる気を見せました。少年院送致を覚悟していたからです。調査官との定期面接は毎月2回実施し、養父や母親もときどき同席することになりました。

2　自宅に戻り、母親との生活が再開されました。早朝から養父と一緒に大工仕事に取り組みました。仕事は休日を返上して働くなど頑張りましたが、給料の安さには不満を抱いていました。

3　面接当初に心理テスト(ロールシャッハほか)を実施しました。勝気、負けず嫌いだが、家庭への不遇感や自己の能力などへの劣等感があり、それを補償しようとして男らしさや力強さにこだわる傾向が強いのではないかと指摘しました。大志は「そのとおり」とうなずいていました。

4　面接は、仕事の苦労話や小さいころの思い出が中心になりました。とくに母親への不信感は根強く、身勝手な親で自分は捨てられたとの被害感情を強くもっていました。仕事の話をする時は笑顔でしたが、話題が母親になると表情が一変して険しくなり、母親との関係改善の困難さを痛感しました。

5　約6カ月後に仕事を辞めました。休みをとると母親が「なんで休むのか」と何度も文句を言ってきたのです。大志は耐えていましたが、我慢の限界を超えたようです。母親は周期的に不安定になることがあり、大志もわかっているのですが、感情的になるようです。面接では、仕事の頑張りと以前のように家を飛び出さずによく我慢したことを伝えました。大志は少し笑顔を取り戻しました。

6　大志が仕事を辞めてから1カ月以上が過ぎました。調査官は早く就職をしてほしいと内心焦っていたのですが、面接では「ゆっくりと探しなさい」と伝えました。大志が真剣に職探しをしていることを知っていたからです。

7　さらに1カ月が過ぎてから就職先が決まりました。ハローワークを通じてのトラックへの積み込みと荷物の仕分け作業でした。夜間勤務でしたが、大志はもともと夜行性なので苦にならないと明るい表情で話しました。審判は大志の努力を評価して不処分でした。

【その後】

母親との関係改善は進みませんでした。しかし、大志が仕事を辞めてからも母親との同居が続いています。調査官はケンカ別れを予想していたのですが、見事に外れました。一日も早く自宅を出て県外で働きたいと述べるようになりました。少年院送致を回避し、在宅指導を続けた意味を真に理解し、地域から離れることを実行してほしいと願っています。

【付添人のコメント】

1 大志が当番付添人を要請し、私が当番付添人として面会しました。これが、大志との初めての出会いでした。大志は、4回目の観護措置ということで、少年院送致を覚悟しており、かなり落ち込んでいました。大志が付添人についてもらいたいと述べたため、私が、日弁連の少年保護事件付添人援助制度を利用して付添人に就任することになりました。

2 付添人となり、まずは記録を閲覧しました。事件は、先輩を迎えに行くために車を運転したという無免許運転とケンカに巻き込まれた末の傷害事件でした。これまで無免許運転を繰り返している点は気になりましたが、傷害事件はケンカに巻き込まれたことによるものです。しかも、大志はプロボクサーをめざしてトレーニングをしていたこともあり、拳で殴ることもできたのに、平手打ちしかしていませんでした。この事実は大志の成長を示すものでした。

3 担当調査官に会ったところ、担当調査官も大志の成長を認めてくれており、試験観察に前向きでした。担当調査官も私も、これまでなんとか少年院送致にならずにいる大志を少年院に送りたくない、大志を家庭に戻して更生させたいと考えていました。

4　これまで大志と母親との関係は悪く、今回の事件も、大志が母親から「出て行け」と言われ、家にいられなくなったため、友人宅を転々としていたときに起こりました。これまで母親は、精神的に不安定な状態のとき、大志につらくあたっていたようです。そのため、大志には、母親への不信感がありました。

5　まずは、大志と母親の関係を改善しなければならないと考え、家庭訪問し、母親と養父に話をしました。大志の母親は、大志のことを心配しており、家に戻ってきてやり直してほしいと述べ、養父は大工の仕事を大志に手伝ってもらいたいと述べました。そのことを大志に伝えると、大志も家に帰ってやり直したい、養父の仕事を手伝いたいと希望しました。大志は、事件を起こしたことを後悔し、「最後のチャンスが欲しい」と私に強く訴えました。

6　大志は母親が精神的に不安定になることを理解し、自分なりに母親と付き合っていこうと考えるようになりました。また、大志と養父との関係は良好で、養父の仕事を手伝いたいと希望しており、養父もそれを望んでいました。このようなことから、大志が家に戻っても大丈夫だと考えました。大志は少しずつではありますが、成長しています。調査官も私も、これまで少年院送致にならなかった大志を、少年院送致にしたくありませんでした。なんとか、社会内で更生してほしいと強く願っていました。大志が「最後のチャンスが欲しい」と述べていることから、私は、なんとか大志にチャンスをあげたいと考え、担当調査官に試験観察の意見を伝えました。担当調査官も、大志が成長していることを評価し、試験観察の意見を出してくれ、審判で試験観察となりました。

7　審判後、大志は、養父の仕事を手伝うことになりました。大志は、頑張って養父の仕事を手伝っており、養父も大志の頑張りを認めていました。母親が感情的になることがあるようでしたが、大志はうまく対応

第 2 章　事例から見える試験観察

していました。大志とは定期的に連絡をとり、家の様子や仕事のことを聞きました。大志が頑張っている様子がわかりました。

8　大志は、このように養父の仕事を頑張って手伝っていたのですが、大志が休みをとったことが原因で母親とケンカをし、我慢できずに養父との仕事を辞めました。心配して連絡をとりましたが、大志は、新しく仕事を探している、母親とはうまくやっていると答えてくれました。その後、大志は、荷物の積み込みと仕分けの仕事を見つけました。大志は、その仕事に満足しており、頑張って仕事をしているようでした。また、母親とも問題を起こすことなく、生活ができていました。

9　試験観察中、大志は頑張りました。養父との仕事を辞めてしまいましたが、その後、自分で仕事を見つけて働いています。また、母親との距離のとり方を覚え、大きな問題を起こすこともありませんでした。試験観察中の大志の頑張りを見て最終審判では不処分の意見を出しました。裁判所も、大志の頑張りを評価してくれ不処分となりました。大志は不処分となり、自分の頑張りが評価されたことを喜んでいました。

10　大志はこれまで3回も観護措置をとられていましたし、試験観察にもなっています。このようななか、大志は、本件非行によって4回目の観護措置をとられました。通常であれば、大志は、本件までに少年院送致になっていたでしょうし、本件の審判でも少年院送致されていても不思議ではありませんでした。しかし、最後のチャンスが欲しい、頑張りたいと述べる大志を皆が信じたことで、大志は試験観察になりました。大志を信じたからこそ試験観察もうまくいったのです。大志も皆の信頼に応えてくれました。試験観察は、大志のように成功事例ばかりではなく、失敗することもあるでしょう。しかし、試験観察にしたからこそ、大志を少年院に送らなくてすんだのです。大志が少年院に入らなくて本当に良かったと思います。大志の事例は、試験観察がうまくいったパ

ターンですが、大志だけでなく、他の少年にとっても試験観察は意味のあるものです。今以上に試験観察が行われ、一人でも多くの少年が試験観察で更生できることを切に望みます。

事例❸ 親子ゲンカ

事例パターン①②

【非行】

　樹里は19歳。母との折り合いが悪く、中学時代から家出を繰り返していました。14歳になると、窃盗やぐ犯で何度も家裁に係属し、17歳の時、恐喝で中等少年院送致。18歳で仮退院。仮退院後は母と暮らし、スーパーでアルバイトをしていましたが、４カ月後に再び生活が崩れました。母から生活態度を注意された際につかみ合いのケンカとなり、止めに入ってきた妹に対し、髪を引っ張ったり首を絞めるなどの暴行を加え、母の通報で駆けつけた警察官に逮捕されました。

【特徴】

1　小学１年生時に母が男をつくって家を出て行きました。樹里は父に養育されましたが、働かない父から万引きを強要され、言うことを聞かないと殴られていました。小学６年生時、父が覚せい剤取締法違反で捕まり、母に引き取られました。母はスナックで働き、家には頻繁に母の交際相手が泊まりに来るなどして居場所がなく、中学入学後は家出を繰り返していました。

2　母はできのよい妹ばかりを可愛がり、樹里は寂しさを埋めるために夜遊びを繰り返し、何人もの男性と交際しました。どうにでもなれという投げやりな気持ちから万引きを繰り返し、中学３年生時に保護観察処

分を受けましたが、その後も生活は落ち着かず、中学を卒業すると、年齢を偽って風俗店で働くようになりました。家では母とのケンカが絶えず、一度は包丁を持ち出し、警察を呼ばれたこともありました。

3　樹里は、17歳の時、恋人の子を妊娠しました。産んで育てることを2人で約束しましたが、妊娠中に恋人とともに恐喝事件を起こし、少年院に送致されました。樹里は少年院の中で子どもを出産し、子どもは乳児院に預けられました。少年院に入院中、母は定期的に乳児院から子どもを連れ出し、樹里との面会に訪れました。

4　仮退院後、樹里は恋人と別れ、母と同居してスーパーでレジ打ちのアルバイトを始めました。児童相談所から、子どもを引き取るのは生活力をつけてからと言われていましたので、樹里は定期的に乳児院に面会に通いながら4カ月くらいはアルバイトを頑張っていました。ところが、年輩のパートの女性たちから嫌みを言われるなどして口論となり、アルバイトを辞めてしまいました。その後は素行不良の後輩らと再び夜遊びを繰り返すようになり、母とのケンカが絶えなくなるなかで本件非行に至ったのです。

【試験観察の理由】

1　樹里の中には、妹ばかり母から可愛がられるという妬みがあるため、ケンカの仲裁に入ってきた妹から生意気なことを言われ、怒りの矛先が妹に向いたものと思われました。首を絞めている点は危険ですが、家庭内のケンカであり、本来であれば警察沙汰になることではなく、事案は軽微なものと考えられました。

2　少年院を仮退院後、本件以外の再非行はありません。また、本件時は再び遊び中心の生活に陥っていたものの、仮退院後しばらくは不良交友を断ち、アルバイトに励んでいたことも評価できます。さらに、母と

の関係改善について友人や保護司に積極的に相談するなど、問題解決に向けて樹里なりに努力を行ってきたことも認められます。

3　樹里は19歳であり、本来であれば親から自立している年齢ですが、これまで母に対して安心して甘えられないできたため、なかなか次の発達段階に進めないでいるものと考えられました。一方、母は樹里を見放しているものではありませんが、一緒に暮らすとまたぶつかると思い、樹里の引き取りを拒否していました。

4　同じ県内の隣町に住む母方叔母夫婦が樹里を引き取ってくれる見通しがついていました。樹里は一見素直ですが、自分の思いどおりにならないと気が済まないわがままな面があり、母方叔母宅でうまく折り合って生活できるかには不安が残りました。よって、必要に応じて調整的な援助を行っていく必要があると考えました。

【試験観察の経過】

1　なるべく樹里を素行不良の後輩らと接触させたくなかったため、樹里との面接は月に1〜2回程度、調査官が隣町の母方叔母宅を訪問するという方法で行うことにしました。

2　遵守事項は、母方叔母夫婦の言うことを聞くこと、仕事を見つけて頑張ることと決めました。

3　優しく接してくれる母方叔母宅での生活を樹里は気に入り、2週間後に調査官が初めて叔母宅を訪問した際、樹里の表情は明るく、叔母夫婦と仲良く暮らしている様子が感じられました。ところが、樹里がなかなか仕事を探そうとしないため、次第に叔母から小言を言われるようになりました。そのうち樹里は、叔母宅にも自分の居場所はないと感じ、試験観察を開始して1カ月後に叔母宅を飛び出し、友人や後輩の家を転々とするようになりました。

4　ただ、その間、母とは連絡をとり合い、母とは以前よりも良好な関係を維持することができました。しかし、母は樹里を引き取ることには依然として消極的でした。調査官が説得すると、樹里はしぶしぶ叔母の家に戻りましたが、その後も働かず無断外泊を繰り返し、生活は落ち着きませんでした。

5　試験観察を開始して３カ月が経過するころ、樹里は母と調査官の了解を得て、空き家となっている母の友人宅で一人暮らしをするようになりました。その１カ月後には居酒屋でアルバイトも始めました。将来、乳児院から子どもを引き取ることを考えれば、樹里には昼間の仕事をさせたかったのですが、樹里は自分の思いどおりにしたい気持ちが強く、なかなか聞き入れませんでした。

6　本当はもうしばらく経過を観察したかったのですが、樹里の20歳の誕生日が迫ってきたため試験観察を終了し、不処分で終局しました。

【その後】

その後しばらく経って樹里は母のもとに戻り、乳児院から子どもを引き取りましたが、事実上子どもの養育を行っていた母が１年後に病気で入院してしまいました。その後は樹里が子どもを育てていましたが、子どもを放置して夜遅くまで遊ぶなど、適切な養育がなされていなかったため、児童相談所が介入し、子どもは養護施設に預けられました。

事例❹　表面的な「更生」を見せたかった少年

事例パターン①②

【非行】

17歳の和樹は、自動販売機荒らしと車上盗を引き起こし逮捕されま

した。4カ月前に少年院を仮退院してから真面目に働き始め、家計も助けて自立を志向していましたが、友人や先輩から借金を申し込まれることが多く、断れない性格から手許の現金が少なくなり始めました。共犯の年長少年と所持金がないことを嘆きあっていたところ、自販機荒らしで現金を手に入れようとする話になり、再非行に至ります。和樹は、自販機荒らしでは人目につくからと、共犯に車上荒らしを提案。5、6回試み、そのほとんどを成功させて現金数万円を手に入れました。

【特徴】
1 はきはきとした受け答えができ、好感度の高い少年でしたが、過去の生い立ちを語らせても、つらかった内容をさらっと言うなど、深い悲しみや悩みを表現できないところが特徴的でした。交友場面や家庭の場面でも過剰適応が目立ち、表面的には要領よく物事をまとめがちですが、他者とは本音でぶつかったりすることが苦手で、芯の強さに欠けています。結果が出ないと焦りを感じて無理をしやすく、表面的に物事を繕いがちな傾向も見られました。
2 実父母は、和樹が4歳のころに離婚。実父の借金や怠職、家庭内暴力などが原因でした。また、実父は車上盗で逮捕歴が複数回あり、受刑歴もあります。婚姻中にも逮捕されたことがきっかけとなって、実母が愛想を尽かし、離婚するに至りました。
3 離婚時、実父はなかなか親権を譲ろうとせず、話し合いが難航しました。実母は、離婚を優先したかったし、「どうせ満足に育てられないだろう」との読みもあったので、和樹や兄を残して出奔。離婚を先行させました。実父はその後、和樹、兄らの監護を続けていましたが、育てきれなくなり、1年足らずで実母に和樹らを引き渡すに至っています。母子のつながりは希薄でした。その後も父子の交流は続き、実母も黙認

していました。実母は、実父と和樹に「人当たりがよくて優しいが、きちんと自己主張ができない」共通点を認め、理解できないもどかしさを抱えるようになりました。

4 その後、実母は再婚して継父を迎えましたが、兄が先に非行化して問題行動を繰り返すようになり、実母がそれを1人で抑え込もうとして家庭内の葛藤が高まりました。兄の方が派手で自己主張の強い性格でしたから、実母は兄にばかり目を奪われて、和樹に眼を向けるゆとりがもてませんでした。だから和樹は、問題を表面化させないことで家庭内の居場所を保っていたいとする構えを、早くから身につけるようになりました。

5 和樹は、厳格な実母よりも、優しく甘やかしてくれる実父に親和し始めます。実父は、夏休みなどに和樹を預かる代わりに、実母に生活費などを無心する交流を続けていましたが、和樹の素行が悪化してきたため、実母は父子の交流を問題視し始め、ついには交流を禁止しました。すると実父は、小学生の和樹を連れ去って数カ月放浪の旅に出て、生活費が底をつくと車上荒らしなどを繰り返すようになりました。当初は和樹の目に触れないように車上荒らしをしていましたが、そのうち和樹も手伝わされるようになります。実父は最後に和樹の目の前で逮捕され、和樹は警察に一時保護された後、実母のもとに帰されました。

6 和樹は、その後も祖父母宅でしばらく住むなど、自宅に落ち着けない生活を続けました。思春期に入ってから窃盗、傷害、ひったくりを起こし、児童自立支援施設に送致されるに至ります。施設を退園してからは暴走族とも交友を深め、短期間で暴走やバイク盗、無免許運転などで逮捕されることを繰り返し、少年院送致になりました。少年院では優等生でした。実母は「気づけない母親」で、本件の再非行も「突発的な」ものと受け止めていました。

【試験観察の理由】

1　和樹が非行に至った直接の原因はお金が足りなくなったことがきっかけですが、その心性の背景には実父と放浪した「車上盗の旅」が影響しています。２人で車に乗り、近畿全域や北陸にまで足を伸ばす旅でしたが、和樹はそのころを想起して、「昼間車で移動している時も、『あの車なら現金が置いてありそうだ』という意識で外の景色を眺めていた」旨述べており、なかば父親と同化していた旨述べています。実父の逮捕で旅は終わりますが、「父と会えなくなるのは寂しかったし、父をかわいそうに感じてつらかった」と和樹は述べていました。

2　少年は仮退院後、土木会社で真面目に稼動していましたが、職場内でいじめに遭い、非行直前に仕事を辞めました。少年はそのことで居心地の悪い思いを抱き、早く次の仕事を見つけようと焦り、気持ちが弱くなっていたところ、共犯者から非行の誘いを受けるに至りました。少年にとって、非行の世界は優しく受け入れてくれた実父のイメージと重なっています。

3　調査官は、少年が周囲に気を遣いすぎて表面を取り繕いすぎであると伝え、もっと自分の気持ちや感情を表現してほしいと話しました。また、実父の行動は否定すべきであるが、子を思う実父の気持ちは否定すべきではない、とメッセージを伝えました。

4　和樹の問題行動の歴史が長く、問題性の深さを考えると、予後の見通しも楽観できませんが、少年院で優等生として過ごしたことを考えると、さらに収容処遇を重ねることがまずためらわれました。過剰適応に陥っている少年ですが、そこをなんとかしたいと自覚しているところもあります。長く施設生活を続けていることの弊害もあったことから、自分なりに心に描いている立ち直りの道筋を現実に歩んでもらうことで、

おざなりでない（リアルな）他者とのつながりをもってほしいと考えました。

5　実母は、感情を強く表現しない和樹のことは理解できず、少年院さえ退院すれば「完全に立ち直った」と問題を軽視したり、再非行があるとうろたえて不要なプレッシャーを与えるなど、一貫していません。調査官は和樹の生い立ちを丁寧にたどって、過剰適応の裏側には癒されない愛情飢餓を抱えていることや、不断の注視と承認をいまだ必要としている心情にあることなどを繰り返し伝え、和樹の心情理解を実母と共有できるよう努めました。

【試験観察の経過】

1　実母の強い希望を容れて、裁判官は在宅試験観察を決定しました。和樹の更生意欲が高く、滑り出しは順調でした。ところが、和樹の仕事がなかなか見つからないことで、実母がすぐに焦り出し、なにかと和樹を追い詰める言動を見せ始め、和樹も不安定になり始めました。

2　調査官は、「必要があれば、調査官が和樹にプレッシャーを与える。今は実母が和樹を支えてほしい」とメッセージを伝え続け、実母が安心するようサポートしました。和樹には「あと1カ月して仕事が見つからなければ、補導委託に行ってもらう」と期限を設定して様子を見ました。やがて和樹は塗装工の仕事を自力で見つけ、稼動し始めました。

3　転機は3カ月して訪れました。和樹が職場の先輩から嫌がらせを受け、現場を放棄して自宅に戻る行動に出ました。今までの実母であれば和樹を「こらえ性がない」と責めていましたが、その時は、今までの忍耐を認めて和樹を労いました。立ち直っていくことに自信を深めたようで、（現場を投げ出した）和樹の危機場面を逆に立ち直らせるチャンスへとつなげようとしていました。同居していた継父も和樹を支持しまし

た。幸い、職場の親方も和樹の味方で、現場の配置換えをしてくれるなど、周囲が好意的に少年を支えるようになりました。和樹は前にもまして仕事に傾倒するようになり、夜遊びしがちだったそれまでの生活態度も改めるようになりました。

【その後】

　6カ月の試験観察が終わって保護観察で終局しましたが、その後2年近くにわたり、再非行はありませんでした。残念ながら、終局して約2年してから、和樹は車上盗や侵入盗などの再非行を繰り返し、再び逮捕されて、2度目の少年院送致に付された旨、聞きました。

　試験観察は中間処分ですから、いずれ終局せざるをえないのですが、少年も家族も「関わられている」という感覚をなくすことでどのように変化するのか、気になるところです。和樹が自分の思いを周囲にぶつけられるように、確たるつながりを他者ともてるようになることが、今後望まれることだと考えています。

事例⑤　少年院仮退院直後の再非行

事例パターン①②

【非行】

　広之は16歳の有職男子少年。事件の内容は、自動車を無免許運転中に歩行者の轢き逃げ事故を起こし、被害者に骨折など全治3週間のケガを負わせたというものです。広之は、中学時代に暴行、恐喝を繰り返して初等少年院送致（長期）となり、出院後それほど間を置かずに本件非行で逮捕されました。出院後すぐに不良交友が復活し、バイクや自動車の無免許運転が常態化していたようでした。少年は、再度の少年院収容

を恐れて自動車を放置したまま事故現場を逃走し、帰宅して父に身代わりを要求したのでした。

【特徴】

1 両親の離婚後、父が少年を養育してきましたが、父の養育態度は少年を力で押さえつけるものでした。広之は、小学校の授業についていけず、病気で1年間運動を禁止されたことから、小学校高学年ころから精神的に不安定となり、学校で暴れるなど問題行動を起こすようになりました。中学入学後は、先輩不良少年と結びつき、学校での授業妨害や教師や生徒への暴力、器物損壊などの激しさを増し、万引きやバイクの無免許運転を繰り返し、何度も触法通告されました。しかし、父は広之の非行を学校の責任として、広之と積極的に関わろうとはしませんでした。

2 少年院では、広之は大きな問題を起こすことなく無難に生活し、最短の処遇期間で仮退院しました。仮退院後、仕事には真面目に取り組むなど、広之なりの頑張りを見せていましたが、すぐに不良交友関係が復活し、無免許運転も常態化するようになりました。広之は、父が無職で酒浸りの生活を送ることに強い不満を抱いており、父に暴力をふるうようになるなど、広之と父の力関係は完全に逆転してしまいました。広之は、自分の生活が荒れたことや本件を引き起こしたことは、父が広之が更生するための援助をしてくれなかったせいだと責任転嫁をするようになりました。

3 広之は、仕事に行くために仕方ないと無免許運転を正当化するなど、彼の規範意識は非常に乏しいものでした。また、無免許運転を日常的に繰り返しつつも捕まる可能性を考えず、事故後には自動車を乗り捨てるなど決定的な証拠を残しながらも、とりあえず目先の保身を図っ

て逃走するなど、目先のことにとらわれて安易に行動する面がありました。ただ、仕事だけは真面目に継続することができるなど、ある程度の根気をもっていること、自ら稼いで生活せねばならないという意識は強いことが、評価できる要素としてありました。

【試験観察の理由】

1 少年院を出てまもなくの再犯であり、事案も軽微とはいいがたく、内省も十分進んでいませんでした。ただ、広之は、初めての逮捕、観護措置で少年院送致の処分を受けており、現時点での年齢もまだ16歳と低いものでした。そして、今後も非行が続く可能性が高いことから、間を置かず連続して少年院に送致することはためらわれました。したがって、当初から、少年院退院後の状況に肯定的に評価できる部分があるか、それをもとに試験観察を選択できる余地があるかどうかを念頭に置き、調査を行いました。

2 父は体調不良を理由に調査には出頭しませんでしたので、家庭訪問をしたところ、父は金も底をつき、風呂にも入った様子もないなど、自分の生活すらまともにできていませんでした。少年の保護者としての父に期待することはできず、父のもとに広之を帰すという選択肢はとりえませんでした。また、少年が慕っている会社の社長という人物も前科がある人物であり、裁判所としては、その人物に広之を預かってもらうという選択肢もとりにくいものでした。しっかりした引き受け手がいないなか、試験観察を選択するにはかなり厳しい状況でした。

3 しかし、広之は、少年院という強固な枠の中ではそつなくこなし、社会に出てからすぐに問題行動を頻発していることから、再度少年院送致としても、また同様の経過をたどるのではないかとの思いもありました。また、広之は、父の庇護が得られない被害感を強くもっており、問

題行動の責任を家庭環境に転嫁して責任逃れをしていたことから、自ら働いた金により被害弁償に取り組むことにより、本件を自らの責任として捉えさせたいと考えました。したがって、試験観察（補導委託）を選択し、働いて得た給与の中から被害者への弁償に取り組ませることしました。

【試験観察の経過】

1 広之を引き受けてくれることになった委託先は、広之の地元からはそう遠くはない場所にありました。広之が委託先を出て地元に帰ってしまうのではないかと危惧しましたが、広之を訪ねてくる友人はおらず、広之も地元に戻って遊ぶようなことはありませんでした。ただ、広之のもとには恋人がときおり訪ねてくるようになり、広之は近所のコンビニで買い物に出かけると言っては、こっそりと恋人と会うようになりました。受託者と調査官はそのことを知り、この事態をどのように扱うか悩みましたが、広之にとって唯一の息抜きの時間であるように思われ、禁止することもためらわれました。そこで、恋人とは内緒で会うのではなく受託者に必ず伝えてから行くこと、節度をもった交際をすることを約束させました。広之も、内緒で出かけることはよくないと思っていたと述べ、素直に提案を受け入れました。

2 広之は、受託者には一目置いており、反抗をしつつも仕事には真面目に取り組みました。広之の仕事ぶりについて、受託者の評価も高いものでした。広之は、父と2人の生活が長かったことから、鑑別所にいる間は大家族の中で生活することを楽しみにしていました。しかしながら、家族の中にも当然ながらルールがあり、広之は、自らの思ったように生活できないことに苛立つようになりました。広之は、受託者の家族から生活面で注意されることに強い不満をもち、受託者以外の家族との

関係は次第に悪化していきました。そして、調査官が会いに行くたびに受託者の家族に対する不満を繰り返し口にし、最終審判までひたすら耐えるのみという態度でした。調査官は、受託者の家族がどれだけ広之のことを考えてくれているのか伝えたいと思いました。しかし、広之にはそのような考えを受け入れる余裕はまったくないように思われ、ひたすら広之の愚痴を聞いてガス抜き役に徹するしかありませんでした。

3　途中、広之は被害者に対して弁償することにも拒否的な態度を示すこともありました。しかし、被害弁償を具体化することが試験観察を選択した大きな目的である以上、その点は絶対に守らせねばならないと強い姿勢で臨みました。そこで、中間審判を開いて広之に裁判所の方針を示し、結局は、広之は給与から月々5万円を被害弁償に充てることになりました。

4　広之はなんとか約束の半年間を耐え抜き、試験観察を終えることになりました。広之は父のもとでの生活を拒否し、事件を起こす前に勤めていた会社の仕事に戻ることを強く希望しました。調査官は、広之の様子を見に行くたびに、本当に元の職場に戻ることがいいのかきちんと考えるように伝えてきました。調査官は不安な気持ちが拭えませんでしたが、広之が最後までその希望を貫いたこと、それ以外の選択肢もなかったことから、元の職場に戻って働く方向で調整をしました。調査官は何度か雇用主に会って広之の状況を伝えて援助を依頼しました。審判では、今後も引き続き被害弁償を続けていくように伝え、保護観察で終局しました。

【その後】

　広之は、その後しばらくの間は元の職場で真面目に働いていたようでした。しかしながら、慕っていた社長との関係も少しずつ悪化し、結局

はその職場も辞めてしまいました。生活も次第に崩れていき、結局1年ほど経過したころに覚せい剤を使用したことで逮捕され、少年院送致となりました。少年院で、広之は委託先で半年間過ごしたことを振り返り、「あのころの自分は頑張っていた」と語っていたようです。広之の人生にとって、委託先での経験が少しでも意味のあるものとなってくれていればよいと願っています。

事例❻　非行歴のない少年の重大事件

事例パターン③

【非行】

　裕次は19歳。ナイフを持ってパチンコ店の自転車置き場の物陰に潜み、自転車置き場にやって来た被害者の口をふさぎ、ナイフを突きつけて「金を出せ」と脅迫したことが本件非行の内容でした。もっとも、被害者が助けを求めて暴れて大声を出したことに驚き、結局は金を取らずにその場を逃走したため、強盗未遂として家裁に送致されてきました。

　裕次は非常に真面目に働いて一定の収入は得ていたものの、会社関係の知人などからかなりの借金をしており、借金の返済に追われて金銭的に行き詰まっていました。裕次はうつ的な気分となって漠然と自殺を考えてナイフを購入しましたが、怖くて実行に移せないまま数日が経過しました。そのうち所持金が底をつき、自殺よりも目先の空腹を満たすことが最優先になり、ナイフを使って強盗することを思いついて本件非行に至ったようでした。

【特徴】

1　父は経済観念に乏しく、裕次が3歳時に離婚して以降、母や裕次と

の交流はありませんでした。その後、裕次は母に養育されましたが、母は精神的に不安定でした。裕次も不登校や家庭内暴力などの問題行動を起こすようになり、母は精神的にさらに追い込まれ、裕次が10歳のころ、裕次を捨てて行方不明となりました。裕次はその後、約6年間は施設で生活しました。母は精神科に入退院を繰り返し、現在は通院しつつも単身生活を送っており、裕次ともときおり連絡をとることはあります。

　裕次は、表立って母を悪く言うことはありませんが、母に対しては「自分を捨てた親」との負のイメージを根強く残していました。父母と裕次には、危機場面に直面すると逃げ出す傾向があるという共通点がありました。また、母と裕次には気分が落ち込みやすいといううつ傾向が見られ、父と裕次には金銭管理のルーズさといった共通点も見られました。

2　裕次の知能は「劣」の段階で、知的には劣っています。普段の性格は温厚で、言動のテンポはかなりゆっくりしています。指示には従順ですが、主体的に行動することはあまりありません。自らの気持ちを抑えて我慢しがちで、困難な事態にぶつかり、対処ができなくなると逃避する傾向が見られました。また、他者に対して率直に思いを伝えることができにくく、他者との親密な関係を築くことが困難な少年と思われました。

【試験観察の理由】

1　施設での生活歴が非常に長い少年であり、少年院とはいえ施設収容して処遇することにはためらいがありました。また、施設を退所しておよそ3年もの間、周囲からの援助を受けながら、曲がりなりにも一人暮らしをしながら就労を継続している点は評価できる点でした。

　一般的に、施設での生活が長い少年は、金銭を扱う機会がほとんどな

いため、金銭の適切な使い方が習得できない場合が多いものです。裕次も、一生懸命仕事をしているものの、結局は金銭管理ができず借金ばかりがかさんで追いつめられて事件を起こしていました。裕次にとっては、社会生活を送るなかできちんと金銭管理を行うことができるよう指導するなど、施設内ではできない訓練をしていくことの方が、少年院での処遇よりも効果的だと思えました。また、付添人の尽力もあり、前職場の知人を通じて今後の就労先は確保されていたことから、これら社会資源があるうちに、それを活用し、就労先への定着を援助しつつ、生活の建て直しを図ることが予後の安定につながると思われました。

2 試験観察を検討するにあたって調査官を強く後押ししたのは、裕次の周囲に裕次の今後を手助けしようとする人物が複数存在していた事実です。鑑別所で面接した裕次は、表情の変化にも乏しく淡々としており、動作もにぶいなど、とても周囲が率先して援助してくれるような魅力的な人物には見えませんでした。調査官としては、本件のように重大事件を起こしたにもかかわらず、裕次の今後の住居や仕事の世話を買って出るなど、積極的に裕次に手を差し伸べようとする人が存在することがどうにも理解できませんでした。ただ、鑑別所の面接ではわからないけれども、裕次には、周囲の援助を引き出すような面があるのだと漠然と感じていました。

【試験観察の経過】

1 裕次は、事件前に住んでいた家に戻り、一人暮らしをしながら水道配管工として働き始めました。試験観察では、就労先への定着を援助しつつ、金銭管理について学ばせることを目標とし、裕次には家計簿をつけるよう働きかけを続けました。月1回程度の面接の度、祐次は家計簿を持ってきましたが、その内容は非常に拙いものでした。給料日前は卵

ご飯だけで過ごすなど、計画的に金銭を使うことは難しいようでした。ただ、付添人が借金整理と収入に応じた返済の道筋を立ててくれたため、祐次は順調に借金を返済していきました。また、付添人を通じて被害者にも謝罪の手紙を渡したところ、被害者からは祐次を責めるどころか、過ちを反省して今後は頑張るようにという励ましの手紙が届きました。

2　祐次は真面目に仕事を続けましたが、やはり不器用なところがあり、難しい作業を任せられるとうまくできないこともあるようでした。ただ、雇用主も祐次の不器用だが真面目な取組みを評価してくれているようでした。また、試験観察中、前職場で祐次と一緒に働いていた年配の男性が、祐次の家に食料を差し入れしてくれたり、携帯電話を貸してくれたりするなど、祐次がきちんと生活できているか気にかけてくれているようでした。

3　試験観察は祐次が成人するまでの半年間行い、保護観察で終局しました。少年は、面接で自発的に語ることはほとんどありませんでしたが、鑑別所での面接とは異なり、リラックスした様子で笑顔を見せることもありました。祐次と半年にわたって付き合ううちに、祐次は不器用で危なっかしいものの、まじめで朴とつとしたところがあり、調査官としても、手を差し伸べて助けてやらねばならないという気持ちがかき立てられました。試験観察を通じて、祐次の周囲の人間が、祐次を放っておけず、手を差し伸べて世話をしようとする理由がなんとなく理解できるような気持ちがしました。それが祐次の強みであり、今後も祐次の助けになると感じました。

【その後】

　祐次は試験観察終了後も水道配管工としてしばらく働いていました

が、不景気のあおりを受けて仕事が少なくなり、雇用主は祐次を雇い続けることができなくなりました。しかし、雇用主が祐次の職場を見つけてきてくれ、祐次は関東で1年ほど働くことになったようでした。試験観察はもう終了していたのですが、そのことを律儀に調査官に電話で連絡してきました。その後の生活は安定しており、金銭的に困っている様子もありませんでした。再び金銭的に行き詰まるような事態が生じれば再び突拍子もない事件を起こすのではないかと不安はもっていますが、周囲の助けを得ながら安定した生活を続けてくれることを期待しています。

【付添人のコメント】

1　「借金もつくりまくったし、これ以上生きていてもいいことがない」。自殺を図った理由について、少年はそう説明してくれました。施設を出てから約3年、少年がたどり着いた結論でした。元来不器用なうえに、あるべき大人像をみることなく育った少年でしたが、彼なりに懸命に生きた3年間でした。借金を返済するために、日中の仕事が終わった後は、深夜3時までアルバイトをしました。遅刻も欠勤もなく。失敗して叱られながらも、笑顔で働き続けました。それでも借金は減りませんでした。その結果は、少なくとも少年にとっては絶望そのものだったのだと思います。

2　付添人と話す少年は、ずるさのかけらもない、純朴でのんびりした子どもでした。強盗という罪名とはあまりにも不釣り合いな少年でした。罪名のみに囚われたのであれば、少年院送致、あるいは逆送といった処分もありえましたが、幸いなことに本件では、少年に愛情をもって接するだけでなく、裁判官を説得するに足る経験と熱意のある2人の調査官に担当していただけたことで、試験観察を経て最終的に保護観察処

分で終えることができました。今でも、それが最良の処分であったと思います。

3 少年は、事件前も事件後も真面目に仕事に取り組みました。試験観察中、お金の使い方に問題があると指摘されると、いままでつけたことのない家計簿を下手な字で一生懸命につけるようになりました。そして、みるみる借金を減らすことができました。少年は、生き方を知らなかっただけなのです。このような少年を、事件のみをみて人を見ない(あるいは被害者のみをみる)刑事裁判で裁くことにいかほどの意味があるのでしょうか。少年院に送り、あるいは刑罰を科すことでこの少年が更生するのでしょうか。生き方を知らない少年には、生き方を教えなくてはなりません。少年は、調査官による試験観察という枠組みの中で生活する機会を得ることができました。少年の人生の中では、ほんの一瞬の時間だったかもしれません。しかしながら、所与の少年の環境では、あるいは一生学ぶことができなかったことを学ぶことができたのです。本件は、家庭裁判所のみが果たすことのできる機能を、遺憾なく発揮できた事件であったと思っています。そして、このような裁判所と組めるのであれば少年事件も悪くない、経験の少ない私にそう思わせてくれた事件でもありました。

事例❼ 母子葛藤に悩んだ少年

事例パターン①②

【非行】

浩樹は18歳の時に、無免許運転で人身事故を起こして逮捕されました。14歳のころからバイク盗や無免許運転、シンナー吸入などを繰り返すようになり、17歳時には正月暴走に参加して、初めて鑑別所に入

第2章　事例から見える試験観察

所しました。いったん試験観察に付されますが、暴走やシンナー吸入などの問題行動がやむことなく、小さいながら暴走族のリーダーにまでなり、少年院に送致されてしまいます。仮退院後は、仕事を始め、シンナーにも手を出さなくなるなど、立ち直ろうとする動きも見せましたが、実母との葛藤がおさまらず、夜中に親子ゲンカを惹き起こしたうえ、無免許で運転する四輪で行くあてもなくドライブに出かけ、事故。暗がりに紛れて視認できなかった通行人に接触してしまい、全治1カ月の重傷を負わせました。少年は、仮退院中でもあったことから、被害者を救護することなく逃走するに至ります。仮退院後、3カ月も経っていませんでした。

【特徴】

1　浩樹の両親は、浩樹が3歳の時に離婚しました。以来、浩樹は母子家庭で育ちますが、母親は仕事に忙しく、ひとりっ子の浩樹に十分かまってあげる時間がとれませんでした。浩樹は、小学校に入る前から鍵っ子で、寂しくなると会社の母親に電話をかけて「いつごろ帰ってくる？」と聞くことが常でした。母は、おもちゃなどを買ってあげることで浩樹の寂しさを埋めていた面がある旨、認めていました。

2　母親自身も母子家庭で育ちました。母方祖母は、母が非行化することを怖れてか、しつけや教育に厳格だったと言います。従わないと殴られたり投げ飛ばされたりの繰り返しだったので、母親自身は「殴って子をしつけることだけはやめよう」と考えるようになりました。

3　ところが、浩樹が思春期を迎えた時期に、浩樹と母は母方祖母宅で同居するようになり、浩樹と祖母の間で激しい葛藤が起こります。母は祖母に「親の対応が甘すぎる」と詰め寄られますが、母自身は葛藤に向き合うことを嫌い、無免許の浩樹にバイクを買い与えるなど、その場し

のぎの対応で、浩樹にも祖母にも主体的な態度をとれませんでした。浩樹は、祖母や母に対する苛立ちから暴走仲間と無免許運転や暴走を繰り返し、ところかまわずシンナーを吸入し始めました。母は次第に感情的な対応を見せるようになり、母子の間で葛藤が高まった末に、浩樹の少年院収容を強く望むまでに至ります。浩樹が17歳の時でした。

4　浩樹は、少年院を仮退院してからも、「母に少年院に送られた」というこだわりを整理することができず、家庭内でなにかと反抗する態度を続けたり、親子ゲンカのたびに家出して、暴走やケンカを繰り返していました。2回目に入所した鑑別所でも、「なぜ母は自分ではなく祖母の味方ばかりをするのか」と気持ちをもて余していた状況です。母は調査官に対し、かなり強く再度の少年院収容を希望しました。

【試験観察の理由】

1　家庭内に居場所のない少年でしたが、シンナー吸入をやめ、仕事にも精勤するようになった点を評価しました。調査官は、鑑別所の中で、「このまま一緒に住んでいると、母も子も駄目になる」と浩樹に伝え、母子分離の必要性を伝えました。浩樹なりに、家庭を離れる必要性を理解するようになり、調査官の提案する補導委託に同意するに至ります。母も、少年院収容を経ずに浩樹が立ち直る可能性があることに期待をかけ、補導委託の提案に一も二もなく賛成しました。

2　2回目の観護措置期間中に、少年の再非行を聞きつけた父親が自ら調査官に連絡をとり、「矢も盾もたまらず」家庭裁判所に駆けつけてきました。「浩樹とは3歳の時以来会っていないが、どうしているかずっと気にかかっていた。状況が許せば、鑑別所にいる浩樹に会いに行きたい」旨、調査官に希望します。父は、離婚以来、ずっと養育費を送金し続けてきました。母は父子の交流に消極的でしたが、調査官は「浩樹に

とって大切なこと」と繰り返し説得。補導委託前に父子で会う時間が実現しました。

【試験観察の経過】

1 補導委託された浩樹は、真面目に仕事をしていましたが、委託先での生活に馴染むことができず、ほどなくして「どうして自分がこんなところにいるのか。音楽も聴けないし、知り合いもいない。とにかく面白くない」と不満を募らせるようになります。調査に現れた調査官に不満をぶつけ、「（交際する）彼女が入院した。心配だから地元に帰りたい。このままここで生活をしていると気が狂いそうになる。少年院の方がまだましだった」と怒鳴り散らします。浩樹にとっては、塀があり逃げることができない少年院の方が、あきらめがついてよほど楽に感じたようです。

2 補導委託では、こうした少年の不満にはとりあわないのが原則ですから、調査官は浩樹に対し、「そんな理由で地元に帰すことはできない。十分に自立できる力がもてるまで帰さない約束だった。無断で帰宅したら少年院に行ってもらう」と突き放します。委託先事務所内で言い合いの末、浩樹は怒り狂って調査を中座し、事務所を飛び出して寮の自室に戻ってしまいました。少年の不安定ぶりに調査官も動揺してしまい、委託先と相談したうえで、寮にいる少年を追いかけます。ふて寝をしていた少年に語りかけ、「あと2カ月だけ我慢して、自立できる資金やアパートを借りる目処がついたら、地元に帰してもいいかどうか裁判官に掛け合ってもいい」などと約束してしまいました。調査官としては、母のいる自宅にはもう戻せないという意識がある一方で、このまま浩樹が自棄になると、逃走や再非行などにつながるのではと心配でした。

3 ところがその後、委託先の社長による熱心な関わりが奏功し、少年

再非行少年を見捨てるな

は委託先の職場に馴染むようになります。自立できるだけのアパートや資金の目処がつかなくなったこともあり、浩樹なりに「ここで頑張らないといけない」と整理をつけ始めました。母は、浩樹の様子の変化を聞いて、自宅での受入れを検討するに至りました。半年が経過して、浩樹が自宅に戻る形で委託が終了し、その後、在宅試験観察を経て保護観察に付されました。

【その後】

浩樹は、自宅に戻ってからも母と円満に過ごし、機械工場の正社員として就職したり、四輪の免許を取得するなど、落ち着いた生活を送るようになりました。交際していた恋人の妊娠を機に20歳で婚姻し、以後、事件を起こすことなく現在に至っている旨、聞いています。調査官なりに振り返って考えても、少年が委託先の事務所で怒鳴り散らしたとき、「2カ月で帰ってもいい」と伝えたことが「ケガの功名」だったのかどうか、わからないまま現在に至っています。

事例❽　児童自立支援施設退園後の再非行
──「頑張れ16歳の父親」

事例パターン①

【非行】

剛は16歳。自分たちが作っている暴走族の走りのためにバイクを調達しようとした事件です。単独で3台の自動二輪車を窃取し、被害金額は約50万円。剛は無免許ですが、自動二輪車を持っていました。本件は暴走仲間に頼まれて気軽に応じたもので、エンジン直結も手慣れていることから仲間に頼られていました。

【特徴】

1 剛は、中学1年生のころから原付車を盗んで無免許運転を繰り返しました。非行はエスカレートの一途をたどり、上級生とのケンカ、恐喝、さらに次兄の自動二輪車を運転中にカーブを曲がりきれずに転倒事故を起こして重傷を負いました。そのため中学2年生時から児童自立支援施設に入所しました。

2 施設入所時、母親に対して「施設を出たらおまえの前で死んでやる」と言ったり、他の場面でも「死ぬ」という言葉を発していました。死をどの程度現実的に捉えているのかは不明ですが、死に直結するようなバイク暴走は自己破壊的な衝動が潜んでいるとも考えられ、施設では「命を大切にする」ことを最優先課題にしました。

3 父母は中学卒業後、ともに関西方面へ就職しました。父親はクリーニング店、母親は理髪店で働いているときに知り合い、10代で結婚してから父親の実家で生活を開始しました。母親は3男2女を出産し、剛は末子でした。当時の家庭は病弱の祖父母を抱え、5人の子どもと父親の病気も重なり生活苦が続きました。剛が5歳時、父親は就職先を見つけると言って突然家出をしたことから離婚に至りました。母親は実家に帰らずに父方祖父母の介護を続けました。剛は優しくて朗らかで手間のかからない子でした。小学校ではスポーツ好きで特記するような問題行動は報告されていません。ところが中学入学後、服装違反で教師から殴られる事件があり、登校できなくなりました。8歳年上の長兄は粗暴事件で少年院送致、5歳上の次兄も暴走族に加わっていたことから兄2人の影響を強く受けたと考えられます。地域では問題家族との風評が広がりました。

4 剛は、施設を退園後、とび職の手伝いを開始しました。ときどき休

むことはあったようでしたが、続けていました。その後、生活環境は一変しました。24歳の愛子と同棲し、2人の間に子どもが生まれたからです。しかし、剛の生活はもとのままでした。自動二輪車を無免許運転中、道路の中央線付近を蛇行運転したことから衝突を避けようとした後方車両が電柱に衝突しました。運転者は全治28日の傷害を負い、剛は交通保護観察を受けました。愛子と同棲後も、欲望のままに直接性交渉する相手を次から次へと探し出して、強姦に近いような行動も含まれていました。女性問題で愛子との紛争は絶えませんでしたが、剛は「セックスが好きだから」と言い、年上の女性との性交渉をやめようとしません。このような状況の中で本件非行が起こったのでした。

【試験観察の理由】

1 保護観察所は、無免許運転の常習者であり、交通法規に対する遵法精神は皆無に等しく、妻子がいるにもかかわらず、突然所在不明になり、再非行で逮捕されており、無免許運転以外の非行も進行しているので矯正教育相当の意見でした。

2 少年鑑別所は保護観察中にもかかわらず、無免許運転、暴走行為でも地域の不良仲間の中心的存在として行動しており、その場が楽しければいいとのルーズな考え方のために抑制がきかない状態にあると指摘し、女性に対する見方の修正や無免許運転の危険性の認識を含めて指導する必要があるので中等少年院送致相当の意見でした。

3 調査官も関係機関の考え方と基本的には同様でした。剛の自己破滅的な衝動も心配でした。剛は保護観察中の再非行なので少年院は当然と考えていたようでした。在宅処遇の可能性は探るとすれば、母親よりも一緒に生活している愛子の動向です。剛は愛子に恋人と母親の両方を求めており、満たされなければ性交渉目当ての女性を追いかけるため、常

第 2 章　事例から見える試験観察

に女性問題が紛争の火種になっていました。剛に世間並みの父親としての自覚と責任を期待するのは酷かしれませんが、愛子との生活を続けるのであれば、仕事や女性関係等に最低限の義務が生じることを具体的に学ぶ必要があります。

4　決め手は、次のような愛子からの手紙でした。「私が今までのことを許した為に次々とこのような事件を起こすのでしょうか。私が子どもを産んだ為に本人はたぶん、私は自分の前からいなくなるはずがないと思っているのだろうか。私がそばにいることが本人にとってマイナスになってしまうのかもしれない。しかし、日々成長していく子どもを見ていると私がこの子の父親である剛を信じないで誰が信じてあげるのだろうかと思い、私は剛本人が私に母親の愛情を求めているのであれば、今これきりのチャンスかもしれないのだと思いました」。そこで、愛子と再度面接したうえで、彼女の決意を大事にすることにしました。

【試験観察の経過】

1　審判には母親は出頭せずに愛子が子どもと一緒に剛を見守りました。愛子は試験観察を希望し、剛は愛子の意見で試験観察決定になったことがわかったようです。審判終了後の剛は子どもを抱いて終始笑顔でした。

2　面接は月に1回ないし2回とし、愛子も同席しました。仕事、金銭管理、免許取得は毎回話し合いました。剛と愛子の成育史も丹念に聴きました。

3　剛の日給は9000円。毎月の平均稼働日数は23日。約20万円の収入があり、全額愛子に渡していました。金銭管理は愛子がきちんとしていました。彼女は県立高校卒業後、地元の有力企業に勤務していましたが、22歳の時、8歳年下の弟が交通事故で亡くなり、精神的に混乱し

て会社を辞めてしまいました。そこへ剛が声をかけてきたのでした。剛は年齢よりも大人に見え、愛子は逆に幼く見えるところがあり、外見上８歳の年齢差はわかりませんでした。愛子は剛に亡くなった弟を連想したようです。

4　４カ月後、警察から剛が恐喝をしたと連絡がありました。本件オートバイ盗の件で仲間の一人に「おまえが警察にチクッタので自分は捕まった。毎月５万出せ」と脅してすでに10万円受け取ったようです。剛に確認すると認めました。警察は立件予定でしたが、被害者が被害届を取り下げたことから今回に限り、立件を見送ることになりました。しかし、返済義務はあるので、剛の意見を取り入れて毎月２万円を返済するように指導しました。愛子は事件のショックと育児のストレス、生活苦も加わり、仕事で疲れた剛と衝突を繰り返すようになりました。しかし、ケンカの原因を双方から聞くと、言葉足らずで誤解をしていることが多く、ケンカを通じて夫婦らしくなってきたようでした。

5　剛は毎月、支払いを着実に実行しました。試験観察後、半年を経過した時点で届いた愛子からの手紙です。試験観察に触れた部分を抜粋します。「最初、試験観察は家族や自分のことを話さなくてはならないし、嫌やなぁと思っていたけど、今では剛がうらやましいです。自分の事さえわからないまま突っ走る年頃に性格を分析してくれたり、今までの出来事をきちんと聴いてくれて、いい所はものすごくほめて伸ばしてくれる。私もあの頃の自分に気づかしてくれる何かがあったらもっと上手に生きれたような気がします。今の剛にはよくわからないかもしれないし、わかっていても聞こえないふりをしているだけかもしれない。だけど８年後には今話してくれていることをきっと思い出すと思う」。

6　剛は約８カ月間、恐喝事件はありましたが、心配された無免許運転や女性問題は表面化しませんでした。仕事はとび職として頑張りまし

た。今では自宅で愛子や子どもと一緒に過ごす時間が増えたようです。予後は心配でしたが、激励を込めて不処分にしました。

【その後】

　試験観察が終了してから3カ月後に、剛と愛子は別れました。愛子の母親が急死した時に、剛は帰宅せずに女性宅に泊っていたのでした。その前から女性問題で口論が続いており、いわば一触即発状態に置かれていました。今までもちこたえていたのが一気に崩れるように、剛は傷害と恐喝で逮捕されて中等少年院送致になりました。成人後は暴力団員となり、傷害事件で服役したこともありました。25歳時、少年事件の雇用主として家裁に来ました。土建業を営んでおり、10代の少年を数名雇用していたのです。剛は試験観察をよく覚えており、当時の話をする時は楽しそうな表情でした。おそらく、彼にとっては思い出深く、充実した生活を送っていた時期と思われます。今は暴力団と縁を切ったと述べていましたが、予後は不安です。しかし、前を向いて生きようとの気迫は感じました。

事例❾ 保護処分歴のない少年が関与した振り込め詐欺

事例パターン④

【非行】

　亮は17歳。地元の暴走族に加入していたころ、OBの先輩から振り込め詐欺の出し子をしないかと誘われ、日給2万円に惹かれてすぐに引き受けました。何かあれば弁護士も付くから安心だと言われました。当時仕事をしておらず、まとまったお金が手に入ることは亮にとって魅力でした。

以後、いわゆる「出し子」として先輩の指示に従い、受け取ったキャッシュカードを使って指定された額を引き出しました。約１カ月の間、ほぼ毎日コンビニのキャッシュコーナーに赴き、一度に20万円から多いと100万円を引き出して先輩に渡しました。その額は、約１カ月で数百万円を超えるほどになりました。実行中はほとんど人に見られることがなく、最初のころはあまり罪障感もなかった亮ですが、２週間ほどするとだんだん怖くなり、通行人を見るだけで私服警官ではないかと勘ぐったり、電話が鳴るたびにびくびくするようになり、先輩に辞めたいと申し出たところ、あっさり認められました。組織や詐欺の内容は最後まで知らされませんでしたが、とくに知りたいとも思いませんでした。

　その後、使えなかったカードなどをそのまま持っていて、無免許運転で検挙された際に警官の目に止まってしまいました。あわてて先輩に連絡をとって助けを求めたところ、「もうおまえは関係ない」と一方的に切られてしまいました。弁護士のことも口約束だけだとわかり、先輩に裏切られたことを悟りました。その後逮捕され家裁に送致されました。

【特徴】

1　亮は、母子家庭で２人兄弟の長男として育ちました。小学１年生の時に父母は父の暴力・ギャンブルから離婚し、母は就労のために母子寮に入寮しました。亮はそこで寮内の上級生のいじめ被害に遭ったのです。母に相談しましたが母も手一杯であり、逆に言い返せないのはおまえが悪いと責められました。小学校高学年になると亮は女性教師と対立して教師の矛盾を突いたり、教室で騒ぐようになり、教師からは亮は学級崩壊の張本人と名指しされたり、「この子は将来犯罪者になる」と言われたりして、母も教師不信となりました。母はこのころから亮に対して感情的に叱責したり、体罰を加えるようになっていました。

中学では、頭髪や服装違反程度で大きな問題は起こさず、高校を受験し、合格しました。しかし、高校入学後夜遊びをして単位不足となると、母は亮に「高校を続けないなら出て行け」と叱責しました。亮は高校1年生の2学期で中退すると、家を出て友人宅に居候するようになり、近所に住む祖母の仲裁で自宅に戻ったものの、日雇いの仕事に就いてもすぐに辞めて、暴走族に加入するといった不安定な生活を繰り返しました。そんなころに今回の事件を起こしたのです。

2　母自身も厳しい父親の体罰、父親の母親への暴力、離婚、親戚宅に預けられて虐待を受ける、といった過酷な成育史をたどっており、若くして結婚し、亮を産んだ直後から夫の暴力を受けるようになっていました。

【試験観察の理由】

1　亮は、事件の多さから4回の逮捕と4カ月に及ぶ身柄拘束を経ていました。また、その間に亮が慕っていた祖母が急死し、弁護士付添人が観護措置一時取消しを申請して、葬儀に同伴するなどの関わりをしましたが、亮は「祖母が死んだのは心配をかけたせいだ」と自分を責める一方で、繰り返される再逮捕に気持ちも荒み、最初のころは鑑別所内でその若い男性の付添人に悪態をついたり不満をぶつけるなど、これまでの対人不信パターンを繰り返していました。それでも付添人は亮を見捨てず、遠方の勾留先に面会に訪れるなどの熱心な関わりを続け、そのなかで亮は次第に付添人に対して心を開くようになりました。

2　また、これまで愛情を素直に伝えることのできなかった母に対して、手紙のやりとりを通じて自分の気持ちを表現するようになり、審判直前には少年院送致を覚悟しつつ、「今回信じてくれた母をもう裏切りたくない」と語り、差し入れられた参考書で勉強をし、「将来大学を出

て健全な社会人になり罪滅ぼしをしたい」と語りました。母もこれまでの感情的な対応を反省するとともに、母自身も抱えているつらさを受け止めてほしいことを漏らしました。

3 そこで、調査官は、①母子関係の修復、②信頼できる大人との間で対人信頼関係を習得する（付添人の活用）、③健全な社会人として就労する、④そのなかで弁済と被害者への謝罪を行う、⑤社会的責任を果たす（ボランティア活動への参加）、⑥保護者への措置（母への心理的ケア）を課題として試験観察を行うことを意見として提出しました。

【試験観察の経過】

1 亮は審判廷で、当時まったく被害者のことなど考えずに好き勝手していたことを振り返り、後悔の言葉を語りました。裁判官から、真面目に働いて被害金額のうち報酬として受け取った30万円を被害者に弁償すること、老人ホームなどのボランティアや清掃活動などに参加することを指示され、試験観察決定となりました。審判後の話し合いで、約束事項として、①仕事をして被害者への弁済をする、②暴走族の友達・先輩と関わらない、③勉強をして大検をめざす、④家族を大切にし、人を裏切らない、の４項目が決められました。

付添人の調整もあり、逮捕される少し前から就労していたとび職に再び就労することが決まりました。弁償のために毎月５万円を半年間かけて貯める計画を立て、また大学進学を目標にした亮のために、大学生のボランティア３人についてもらいました。勉強を見てもらうという表向きの理由でしたが、実際はこの間の相談相手として亮に寄り添うことを課題としました。

2 亮は、試験観察の約束事項すべてに前向きに取り組み、月５万円の弁償金を捻出するために仕事に打ち込みました。毎月、付添人の事務所

を訪問し、生活状況の報告をするとともに、弁済や謝罪の方法を話し合いました。月2回の調査面接には、日焼けした笑顔を見せて出頭し、面接の後にはボランティアの大学生との会話に刺激を受けている様子でした。また、調査官が提案したボランティア活動にも積極的に参加し、1回目は母子揃ってボランティア団体主催のトイレ清掃で小学校の便器を磨き上げ、「最初は抵抗があったが、やっていくうちに無心になれた」、「達成感がすごい」と感想を語りました。2回目は中盤の時期に公園の清掃活動に参加し、「いざやり始めると想像以上のゴミが出てきて驚いた」と、また、3回目は終盤の課題として参加した2泊3日の老人ホームボランティアでは、感動と達成感でいっぱいの様子で、他者を思いやる気持ちや他者から必要とされる喜びを述べました。

　また、家庭においても母が安定して亮に関わるようになり、家庭内では笑い声も響くようになりました。亮は付添人や学生ボランティアの影響を受け、前向きな人生設計を立てるようになり、目標の半年を前に亮は30万円の貯金を達成し、付添人が被害者の人数に合わせた分割案を作り、一人ずつに宛てて書いた謝罪文とともに被害者等との間で示談が成立しました。

3　この試験観察を通して、熱心に少年に関わってくれた付添人弁護士は、少年にとって初めての信頼できる大人であり、将来の男性モデルとなりました。また、学生ボランティアは、年齢の近い健全な青年モデルとして機能したといえるでしょう。

【その後】

　亮は、引き続き社会内で専門家の援助を受け、目標に向けた健全な生活を送れるよう、保護観察決定となりました。その後1年近く経過しますが、亮は再非行を起こすこともなく定期的に保護司を訪問して指導を

受けており、決定時に勤めていたとび職の仕事をその後も続けていることが確認されています。亮の当初の目標は大学進学でしたが、その前にある大きな目標＝健全な社会人になることを亮は着実に一歩ずつ踏みしめて成長していると思われます。

事例⑩ 不登校女子中学生に配置した学生ボランティアによるユニークな活動

事例パターン④

【非行】

　裕美は中学3年生。それまでは家裁への係属歴もなく、中学2年生の終わりに同級生と2人で行った自転車1台の窃盗が在宅事件として送られてきました。調査官の担当となったのは、裕美が中学3年生になったばかりのころでした。母と2人で出頭した裕美は、華奢で大人びた美少女で、待合室で待つ母との関係も良さそうでした。ところが、生活状況を聞くと、裕美は中学1年生の半ばまでは問題のない生徒だったのが、その3学期から一気に生活が崩れ始め、中学2年生の間はほとんど不登校状態で昼夜逆転の生活を送り、地域の中学生男女や卒業生らと公園でオールナイト交遊を繰り返していることがわかりました。さらに、母は当初は裕美に対して帰ってくるように連絡をしたり注意をしていたものの、最近はまったく従わないため、事実上放任していることがわかりました。また、2歳上の兄が裕美にしばしば暴力をふるっていることもわかり、家庭に落ち着けない状況も感じられました。また裕美は「暴走族のバイクに同乗して集会に行ったことがある」と言い、被害に遭う危険性も感じられました。

第 2 章　事例から見える試験観察

【特徴】
　裕美は母子家庭で育ちました。母は、父の暴力から裕美が小学校に上がる前に離婚して以降、生計を支えるために夜間働くことになりました。その間、兄と裕美は2人で留守番をすることが多く、母は「母親っ子の裕美は寂しかったのでは」と言います。裕美が小学5年生から昼の仕事に移りましたが、裕美が中学2年生になるころから責任を任せられる部課になり、母の帰りは再び遅くなり、その間裕美は近所の伯母宅に行って時間をつぶすようになりました。兄は父がいない家庭で父親代わりのような役割をしており、裕美に対して厳しく接しているようでした。

【試験観察の理由】
　1年間に及ぶ不登校とその後の不良交遊はかなり進んでおり、送致された事件は軽微でも、犯罪に至るおそれはとても大きい事案であると思われました。そこで、少年に対して高校受験などの目標をもたせて行動改善を図り、その結果を見て終局決定をなすことが相当であるとして、試験観察の意見を提出しました。また、少年に対しては家庭教師活動を行う学生ボランティアをつけ、学業の遅れを取り戻しながら、あわせて悩みや目標などの相談に乗ってもらうことが相当であるとしました。

【試験観察の経過】
1　審判日に、母と裕美は表情を暗くして来庁しました。前日、裕美がパーマをかけてきたことに怒り、来庁前に母が裕美を叩いたのでした。審判廷で裕美は裁判官に対して「高校に行って卒業し、ちゃんとしたところに就職したい」、「そのためには、今学校に行かなきゃいけない」と答え、不登校を続けながらも本当は学校に行かなければいけないと思っ

71

ていることを語りました。裁判官に対して「生活リズムを直したい」、「学校に行きたい」、「母ともっと話をしたい」と意思を伝え、試験観察決定となりました。裁判官からは、「学校のことは急には無理だけど、少しずつ変わっていってほしい」と言葉がかけられました。

2 さっそく学生ボランティアの2人と一緒にこれからの目標が話し合われ、近所のファミリーレストランなどを使って学習支援を行うことにしました。調査官は中学校を訪問して試験観察の趣旨を説明し、すぐに登校することは難しいかもしれないが、時間をかけて見守ってほしいことを伝えました。

3 以後、調査面接と並行して学生ボランティアの活動が行われました。2人は2週間おきに裕美を訪れ、ドリルなどの勉強をしながら、学校のこと、離婚した父の思い出や小学校時の担任との楽しかった思い出などいろいろな話を裕美と語り合いました。そのなかで、裕美は中学1年生時の担任に過重な期待をされてつらくなり、その後不登校になったことを語りました。

学生ボランティアの支援はその後も続き、やがて裕美の夜遊びや外泊は徐々に少なくなり、夏休みには自分の部屋を模様替えして居心地をよくすると、友達を呼んで自宅で過ごす、といった改善が見られるようになりました。さらに、学習活動を自宅ですることを母が了解してくれるようになりました。

4 調査官は、裕美に対しては、面接の際に「褒める」、「長所を探す」関わりを行い、母に対してもこれまでの苦労をねぎらう関わりを心がけました。これまで裕美の校則違反や不登校で肩身の狭い思いをしていた母は、家裁に行っても怒られるのではなく受容されることがわかり、徐々に裕美に対してもゆとりをもった接し方ができるようになってきました。裕美には毎回課題を1つ決め、できた日にはシールを貼り、シー

ルが10個たまるとご褒美として母から願いを聞いてもらえることにしました。中学校の先生とも話し合い、先生の案（毎日、帰宅の遅い母と裕美が電話で話す機会をつくってはどうか）をシールの課題に加えたり、また一度にたくさんの課題を出すのでなく、ゴールまで10段あるのなら１段目は○○、といったふうに達成可能な課題に分けて伝えることをお願いしました。

5　裕美は依然学校には行けませんでしたが、勉強するのが楽しいと感じるようになり、高校受験をめざすようになりました。また、歌やダンスの好きな裕美の長所を伸ばそうという目的で、夏休みに学生ボランティアと３人でカラオケに行ったところ、裕美はとてものびのびと歌を歌いました。学生ボランティアの２人は、それまで背伸びしていた裕美がとても自然に中学生らしくなったのを見逃しませんでした。その報告を受けた調査官は、保護的措置の一環として、裕美の最終審判で自己表現の場を与え、周囲の大人たちがそれを応援して褒めることが、一つの教育的効果をもたらすのではないかと裁判官に報告しました。

　裁判官は、審判の場で合唱発表会を行うことを許可してくれました。最終審判は３月中旬と決まりました。それからの裕美は学生ボランティアと受験勉強をしたり、志望校に提出する自己PRカードを相談しながら作成したり、また歌の練習を始めました。学生ボランティアは、合唱に加わるとともにピアノ伴奏も行うことにしました。このころから、裕美は自分の好きなダンスやパフォーマンスを表現したいという気持ちが強まり、母の薦めで応募した劇団員募集に見事合格するという出来事がありました。裕美は好きなダンスのレッスンに通い始め、将来の目標も高校進学とミュージカルのスターになることの両方を抱くようになりました。また、合唱発表には他の調査官も協力し、ギターやバイオリン、フルートの伴奏を引き受けてくれることになりました。

6　審判当日は、裁判官から裕美に対して試験観察中の生活状況の確認があったあと、学生ボランティアが裕美の学習活動の頑張りやそのなかでの変化を報告し、後半に活動発表として歌の発表を行いました。曲は、中学校の合唱課題曲に選ばれた晴れやかで清々しい曲、ソロで歌い上げる美しいメロディーの曲、そして最後は裕美が母への感謝を歌に込めて選んだ「アンマー（沖縄の方言で母のこと）」です。裕美は事前に「母への感謝の言葉」を準備していて、歌の合間に母への感謝を述べました。曲を聴く母も歌う裕美も涙を流しました。卒業式に出ることができず、別室で卒業証書をもらうことが決まっていた裕美にとって、この審判は卒業式に代わる節目の場でもあったのです。

　裁判官は、裕美のこれまでの成長を評価し、最後にもう一度全員で歌う機会をつくってくれました。二度と家裁に来ることはないであろう裕美に与えられたアンコールでした。

7　本件は、試験観察の消極化が危惧され、また、6カ月を超えることに慎重になる家裁の現場にあって、9カ月という長い目で立ち直りを見守ったケースです。さらに、友の会の学生ボランティアの活動や、最終審判において合唱発表を取り入れたという点でもユニークなケースといえるでしょう。

【その後】

　裕美は、不処分決定となりました。直前に受けた高校は競争率が高くて不合格となりましたが、裕美はまたチャンスがあれば再受験したいと前向きに受け止めました。

　その後1年が経過しました。裕美は再犯をすることもなくミュージカル団員として着実に力をつけ、公演のポスターにも裕美の名前や写真を見かけるようになりました。

裕美はもともと輝く力や個性をもっていました。その長所は、ちょっとしたつまずきや周囲の大人の対応で萎縮したり力を失ったりするのです。認めてもらえることで本来の自分を成長させることのできた裕美は、おそらく同じ悩みや経験をもつティーンエージャーの気持ちをつかむことのできる、魅力ある演技を見せていくことでしょう。

第3章 処遇論からのアプローチ

廣田邦義

●はじめに

　筆者は家裁調査官（以下、調査官）として少年事件に係わってきました。そのうち、約30年は高松家裁と同丸亀支部に勤務していますが、経験を積むほど少年事件の難しさを痛感するようになってきました。

　少年や保護者との面接は毎回緊張します。大丈夫だと思っていた少年の成人後の再犯記事に接すると、別の処遇はなかったのかと考えます。専門家と呼ばれていますが、実は何もわかっておらず、当事者に役立っていないのではないかとの不安もあります。

　このような筆者に元気を与えてくれるのは成長した元少年であり、保護者からの激励であり、非行現場で頑張っている家裁の仲間や関係機関の方々の存在です。これらの方々といつも議論しているのが「原因論よりも処遇論」という考え方です。原因論は少年の短所や資質上の負因、家族の問題点等マイナス面を指摘して改善・矯正しようとする傾向が強いのに対して、処遇論では、少年の短所だけでなく長所や潜在能力を探し出して、少年に伝え、支援していく姿勢を明確にします。本稿はこの立場から筆者の期待する調査官像を述べたものです。

第3章　処遇論からのアプローチ

● **調査官調査**

　少年法改正により、少年法の中に調査官の調査と警察官の調査が混在しています。また、法的調査と社会調査という言葉も定着しています。

　このように調査という言葉が多義的に使用されている現在、調査官調査について明確に定義することが必要です。調査官調査は社会調査と呼ばれ、要保護性の判断に資するための調査といわれています。この要保護性は一般的に累非行性、矯正可能性、保護相当性で構成されていますが、きわめて抽象的な概念です。筆者は調査の目的を「少年のもつあらゆる可能性を引き出そうとするプロセス」と位置づけています。この調査の目的を少年法に条文化できれば、調査官の役割は明確になります。

　2010年11月、裁判員裁判としては初めて、少年に対する死刑判決が仙台地裁で出されました。この裁判で弁護側からは「調査官の作成した社会記録は少年の保護よりも結果の重大性を重視し、少年の更生可能性を論じていない」との理由で証拠請求を断念した旨の報道がありました。調査官の本質を問われる問題提起でした。重大非行であっても少年のもつあらゆる可能性を引き出そうとする姿勢を調査官のアイデンティティーとして確立すべきです。

● **調査官調査に期待される基本姿勢**

1．定点観測

　地域に根ざして、1人の少年に対して1人の調査官が14歳から20歳までを担当するのが定点観測の基本です。初回係属時の年齢はまちまちですが、いずれのケースも20歳まで担当することになります。

　高松家裁丸亀支部に一般非行（交通非行を除く非行）で係属した中学生

の20歳までの再非行率（交通非行を含む）は平均45％でした（1996年と2002年に各100名を調査）。再非行は中学卒業後1年以内が最も多く、その後は減少しますが、年長少年になっての再非行は非行が深化し、処遇困難ケースになる可能性が高くなります。例えば、中学生で初回係属後、非行を繰り返すケースであっても非行性が深化していると断定できません。多くの少年は長期的に見れば、非行を反復しながら収束に向かっていくことが多いのです。これを見極めるためには、初回係属から担当し、再非行の意味を考えながら交友関係や家族関係の理解を深めていくことが重要です。

　調査官や裁判官の大半はおよそ3年サイクルで転勤をしているので、定点観測ができません。中学生を担当した場合には、非行のピーク時に出会うことが多く、何度指導しても問題行動や非行が繰り返されるのが一般的です。そのため、少年の努力や好転の兆しに気づかないまま少年事件から離れているのが実情です。定点観測は、10年単位の長期的な観察から少年の変化を知ることができます。たくましく成長した元非行少年が社会の各分野で活躍しています。

2．少年・保護者への説明責任

　調査は、少年・保護者のプライバシーに入り込んでいます。その内容は調査票にまとめられて社会記録になり、審判を経て執行機関へ貸し出されます。

　しかし、情報提供者である少年・保護者に対しては、詳しい説明はほとんど行われていないのが実情です。理由は不明ですが、研修所も現場も説明責任については、具体的な指導を控えています。しかし、調査官の見立てを少年・保護者に直接伝えることは信頼関係を結ぶ第一歩であり、処遇への橋渡しになります。説明時期は審判後が一般的です。

審判中の少年は、処分が気になって過度の緊張状態に陥ります。コップの水が満杯のような心理状態なので、裁判官の説明が入り込む余地が少ないのです。

　審判後は緊張感から解放されてコップの容量も少し広がってくるので、調査官は水を注ぎやすくなります。説明は少年・保護者のマイナス評価をクローズアップするのではなく、少年のもつあらゆる可能性を積極的に伝えることが重要です。

3．段階処遇の問題点

　家裁の実務では、凶悪事件を除けば初回係属時（一般事件）の約70％は審判不開始か不処分で終局します。再非行では、保護観察の可能性が高まり、さらに再非行を重ねると観護措置を経て少年院送致に至ることもあります。少年院仮退院後の再非行では、再度の少年院送致もしくは検察官送致と一段と厳しい処分が予想されます。このように回数を重ねるほど重い処分に進んでいくことを、段階処遇と呼んでいます。この考え方は、「これだけ非行を繰り返したのだから少年院送致はやむをえない」と少年や保護者を説得する材料になりやすい一面があります。しかし、統計上は説明できませんが、筆者やベテラン調査官のなかには、2度の少年院送致を受けた少年の成人後の再犯率がきわめて高いことに注目し、段階処遇を疑問視する声があります。

　処遇論の立場に立てば、前章の事例のように少年院仮退院後の試験観察など、段階処遇とは異なる処遇を展開することができます。また、初回係属であっても、試験観察あるいは児童自立支援施設や少年院送致を選択することもあります。このように、在宅処遇と施設収容を柔軟に組み合わせながら処遇を進めることが重要と考えます。

4．面接中の雑談

　面接は調査官にとって一番大切な場面です。若いころは自分の知りたいことを一方的に質問する傾向がありますが、経験を積むと、いきなり本題に入るよりも、調査官と当事者双方の緊張を和らげるために雑談から開始します。少年には警察の取調べを受けたときの感想、家裁からの呼出状をもらったときの気持ち、保護者には仕事の苦労話などから入ります。

　筆者の勤務する家裁は、農業や漁業に加えて造船関連の現場で働く方々が多くいます。例えば船内で溶接に従事している父親からは、溶接の難しさや厳しい職場環境のほか、船舶が完成したときの喜びなどがよく話題になります。農業をしている母親からは野菜栽培を詳しく説明してもらうなど各分野のプロの話は説得力があり、その人らしさがよく出る場面です。一方、親の苦労話は少年にとっても貴重な体験になります。家裁へ呼ばれてふてくされている少年も、親の苦労話には黙ってしっかりと聞いていることが多いのです。親の職業人としてのプライドや苦労話を知ることは、少年には新鮮な体験であり、親子関係の再出発になる可能性もあります。

5．現場へ出る

　調査は、面接を基本に学校照会書や保護者照会書などの各種照会書、鑑別結果通知書などを参考にしながら進めますが、最近の傾向としてデスクワーク中心に偏っている傾向が指摘されています。面接は、家裁で実施するのと家庭訪問ではまったく異なる情報が得られます。家庭訪問は、より生に近い声が聴けますし、家族の生活実態がつかみやすくなります。非行理解も、法律記録からは気づかないことが非行現場へ出るとわかることがあります。例えば、強制わいせつ事件の現場を見てなぜこ

んなに自宅に近くて人通りの多い場所で事件を起こしたのかという疑問が湧き、面接で確認することができます。学校訪問では家裁では見せない少年の姿が見えます。

このように、現場へ出ることは、面接では得られない貴重な情報が得られることから、デスクワーク中心の調査よりも立体的な調査が可能になり、処遇へとつながりやすくなります。

●試験観察

1．意義

家庭裁判所は、保護処分を決定するため必要があると認める時は、決定をもって、相当の期間、調査官の観護に付すことができます（少年法25条1項）。この中間決定を通常、試験観察と呼んでいます。

この制度は、戦前の旧少年法には存在しませんでした。戦後の少年法になって、決定と執行を分離し、一度決定された保護処分は原則として、その取消し、変更は認められないことになりました。そのため、少年の予後についての相当の見通しを得たうえで適切な終局決定を行う必要があることから、この制度が導入されたといわれています。

このように試験観察は、終局処分を決定するための調査の一形態ですが、実情は診断的側面と治療的側面を有し、福祉裁判所としての家裁を代表する制度として現実的基盤を有しながら質量ともに発展してきました。

2．試験観察の減少

1970年代の中盤まで順調に増加してきた試験観察は、その後減少に転じました。この時期は「少年法改正要綱」による保護処分の多様化（短

期少年院や交通短期保護観察の導入）と一致します。

　さらに1980年代に入ると、最高裁主導による「少年事件処理要領モデル試案」が全国の家裁で作成された結果、事件を早く処理することが最優先になり、時間と手間のかかる試験観察は一気に減少しました。補導委託先の見直しも行われて有力な委託先が減少しました。

　また、補導委託中に逃走等の問題があれば、調査官は始末書のごとき報告書の提出が義務づけられました。しかし、振り返ると、試験観察減少の最大の要因は少年事件の大幅な増加による現場の混乱と思われます。本来は増員で対応すべきでしたが、増員はなく、すべて現場任せであったため、全件面接調査を維持することが困難になったからです。とくに大都市周辺の家裁少年部は機能停止寸前まで追い込まれました。そのため「少年事件処理要領モデル試案」を作成して家裁の危機を乗り切ろうとしたわけです。

3．試験観察への期待

　最近の10年間は事件の減少が続いています。しかし、試験観察の減少傾向に歯止めがかからないのが実情です。その背景には、処遇論よりも非行の動機と非行に至る経緯を詳細に調査しようとする原因論重視の考え方があります。無論、原因論は重要ですが、処遇に結びついてこそ意味があるのです。試験観察は原因論から処遇論への橋渡しをするきわめて重要な制度です。活性化するためには、ベテラン調査官が先頭に立って実施することが求められています。このような職場では、若手調査官の試験観察が増加する傾向が見られます。付添人、教育関係、児童相談所等からは試験観察に多くの期待が寄せられています。

　この制度は少年・保護者への優れたアプローチであるとともに、調査官の実力を高め、職場を活性化させ、関係機関との連携を密にする制度

なのです。試験観察が少年法の宝物と呼ばれる所以です。

●試験観察の視点

1．少年の被害体験に寄り添う

　家裁に係属した少年には、「みんな万引きしているのに、なぜ自分だけが捕まったのか」という被害感、「自分のバイクが盗まれたので、やり返した」といった具体的な被害体験のような明確で意識されたもの、さらには幼児期からの被虐待のように意識化が困難なもの、また、家族全体が地域から疎外され、排斥されるなかで形成された被害感情など、さまざまなレベルの多種多様な被害体験が複雑にからまっています。とくに幼児期からの虐待は、自らの存在を揺るがすような強烈な体験にもかかわらず、対象、事実関係、記憶等が曖昧なことから明確な意識化は困難となり、持続的で根の深い被害感情が生じやすくなります。

　一般的に被害体験の強い少年は、他罰的な反応をとりやすく、非行原因を被害者や共犯者に責任転嫁しがちです。少年が非行を内省するためには、面接の中で成育史を丹念に聴きながら、小さな被害体験であっても少年の気持ちを丁寧に聴き、寄り添うことが大切です。このプロセスを重ねることにより、少年は一つの被害体験を乗り越えて次の段階へと進むことができます。そして自らの非行を客観視できるようになれば、ようやく非行と向き合う出発点に近づいてきたと考えられます。

2．家族へのアプローチ

　子育てはその人の成育史が深く影響します。暴力を受けた人は、自分の子どもに暴力を加える傾向があります。一方、大切に育てられた人は子どもに対しても同じように接することができます。子育ては親の体験

がそのまま出やすいのです。

　面接では家族の身分関係図を書きます。父親には「あなたのお父さんはどんな人でしたか」、「あなたとの共通点は」と尋ねながら祖父母像から質問します。母親、少年にも同じ質問をしながら次第に家族全員の人物像を描き、家族を３世代で捉えようとします。

　非行が出る家庭は通常、深刻な課題を抱えています。保護者の多くは自分の問題を置き去りにして少年のみの問題に関心を向ける傾向があります。しかし、父母の世代、さらに祖父母の世代に積み残した課題が少年に出ている場合もあります。身分関係図を通して、家族の課題を共有しながら少年の非行を家族全員で考えるように助言します。

３．金銭管理と車の免許取得

　非行の動機には直接的な動機と間接的な動機があります。例えば「金がなかったので万引きをした」、「車の免許がとれないので無免許運転をした」などは直接的な動機です。間接的動機は非行までの成育史の中で発見される非行に結びつく家族関係、性格的負因、交友関係等さまざまな要因、すなわち非行の背景となるべき事情です。

　金銭管理と車の免許は最も直接的な動機になりやすいものです。非行少年の多くは、仕事はするが、金銭管理はできずにいつも借金を背負っています。そのため、金銭問題から生活が崩れて非行に結びつきやすいのです。

　また、車の免許は少年が最初に出会う社会のルールです。免許を取得することは社会のルールを守る第一歩になります。無免許はフライングしたままでマラソンをスタートしたようなもので、いくら速く走っても評価の対象外です。

　少年院は多方面の処遇に取り組んでいますが、院生はお金と無縁な生

第 3 章　処遇論からのアプローチ

活を送っています。また、各種免許が取得できますが、基本になる車の免許だけは取れないのです。このように一番失敗する問題についての取組みが遅れています。本書第 2 章の事例②⑥のように、在宅での重点指導が効果的です。

4．共同試験観察

　試験観察は担当調査官 1 人で行うのが一般的です。ここでの提案は処遇チームを作ることです。組合せは調査官同士、調査官と付添人、医務室技官、少年鑑別所技官、児童福祉司、保護観察官等です。3 人でチームを作ったこともあります。

　人間には相性があります。例えば、若手の調査官が母親との面接に困難さを感じている場合、先輩調査官が母親面接を担当し、若手調査官は少年面接と役割分担することもできます。少年と母親を分離した面接はお互いの秘密を守ることができるので、面接の深まりが期待できます。親子だからこそ、言えないことは多いのです。

　また、ケースの特徴を踏まえて、発達障害は医務室技官、触法は指導実績のあった児童福祉司、心理テストを積極的に活用する場合は少年鑑別所技官等、いろいろな組合せで共同試験観察を実施してきました。処遇チームはケースカンファレンスを続けながらも診断面に偏ることなく、「私たちはあなたの応援団」とのメッセージを送り続けることが大切です。

5．試験観察の期間

　実務的には 3 カ月から 6 カ月以内に終局するのが一般的です。短期少年院や短期保護観察の期間を超えないように配慮したものです。しかし、少年の再非行や生活の崩れは試験観察を開始してから 1 週間以内、

1カ月、3カ月、6カ月を節目に開始当初の緊張感を持続できなくなるために生じやすくなります。とくに3カ月目と6カ月目が要注意であることは経験的に知られており、この時期に終局することには疑問があります。無論、ケースバイケースですが、再非行の可能性が高く、試験観察の継続が必要な場合は、中間審判を実施し、少年や保護者に延長の必要性を説明したうえで続行すべきです。筆者はこのような手続を経て、1年程度実施した事例もありました。試験観察をいつ終局するかは重要な問題なので常に臨機応変に対応することが求められています。

6．試験観察中の再非行

　試験観察中の再非行は、少年からの明確なメッセージと受け止めます。担当調査官は、少年が再非行をしたという事実に衝撃を受けて、試験観察の失敗と結論づける傾向があります。しかし、試験観察は再非行の可能性の高い少年を対象にしているのです。大切なことは再非行の意味を慎重に調査することです。具体的には前件との共通点と相違点等を比較検討しながら、少年が非行場面でどのような動きをしたか　それはどのような気持ちからしたのかを丁寧に聴きながら非行が深化しているのか否かを見極めることです。

　例えば、前件の集団暴行事件で先頭に立って暴力を加えていた少年が、再非行ではほとんど暴行をしていないのであれば、なぜそうなのかを調査します。その結果、再非行は起こしたが、非行グループから距離を置こうとしたり、仲裁役を買って出るなどの行動が生じているのであれば、その変化に注目します。この小さな変化に気づき、少年に伝えることから、新たな処遇の糸口を発見できる可能性があります。

　私の経験では、何の失敗も停滞もなく直線的に更生することは稀で、多くは再非行やさまざまな問題行動を繰り返しながら徐々に収束に向

かっていくものと考えています。現代社会は直ちに結果を求めますが、非行からの回復には5年、10年単位で考える余裕が大切です。このような長期的な視点で再非行に向き合う姿勢を確立すべきです。

●最後に

　少年法の理念と現実の実務との間には大きなギャップがあります。筆者は、家裁や執行機関が法の期待どおりに動いているのであれば、調査官はあまり必要のない職種と考えています。逆に言えば、動いていないので調査官の活躍の場があるのではないでしょうか。

　1番目の課題は各機関との連携です。関係機関との協議会は頻繁に開催されており、連携の重要性が叫ばれています。しかしながら、肝心のケースでの連携は不十分です。調査官は、保護観察や少年院送致した少年の動向視察に消極的なのが実情です。常にどのような処遇が行われているのかを見守り、必要に応じて処遇勧告の意見を出すべきです。家裁は単なる決定機関ではなく、少年司法の中心的な機関としてケースを通じて各機関との連携を積極的に行うべきです。

　2番目の課題は試験観察の活性化です。試験観察は家裁を元気にすると同時に、マンパワー不足の少年司法諸機関の潤滑油としての役割も担っています。試験観察は、少年の就職指導や不良交友を改善するための転居指導などを通して、思いがけない人と人との出会いをつくり出すことができます。人は人によって傷つけられますが、人によって再生されることを実感しています。

第4章 弁護士付添人から見た試験観察の意義と課題

安西 敦

●はじめに

　試験観察は、少年を調査官の観察に付す制度であり、調査官が中心になって進めるものとされていますが、そこに付添人が関わっていくことで試験観察はまた違った意味をもってきます。いろいろな問題を抱えた少年たちが、試験観察の中で紆余曲折を経ながらも成長していき、最終審判で明るい表情を見せてくれるのは付添人活動の醍醐味です。調査官と比べれば、付添人は自分のケースで試験観察に関与することは少ないでしょうが、それだけに付添人にとって試験観察になるケースは非常に印象深いものでもあります。さまざまな工夫や努力をして、調査官だけではできないような少年との関わりをしている例も少なくないでしょう。

　ここでは、私のわずかな経験と、2008年に香川で行われた、日弁連主催の付添人経験交流集会の試験観察に関する分科会で香川県弁護士会のメンバーとともに研究したことなどをもとにして、付添人の活動によって試験観察がどのような意味をもっていくのかについて試験観察のそれぞれの場面から検討を試みてみたいと思います。

第4章　弁護士付添人から見た試験観察の意義と課題

●試験観察に向けた付添人活動の視点

1．施設内処遇か社会内処遇かの見極めが必要な場合

　審判で、処分を少年院送致や児童自立支援施設送致のような施設内処遇か、保護観察のような社会内処遇のどちらにすべきかがテーマとなることはよくあります。このとき、より適切な処分を決定するためにさまざまな角度から検討がされますが、付添人が調査官や鑑別所の心理技官、そして裁判官とは違う視点を提供することでより多角的に見ることができます。

1　少年の可能性を見つけるという視点

　少年は、事件を起こして審判を受けています。関係者は、なぜそのような非行を犯したのか、そこに至る問題点は何だったのかについて各方面から情報を集めて調査を行います。そこで、その非行の原因となった、少年の抱えている問題点が浮き彫りにされることになります。その結果として、甘えが強く問題に向き合うことができない、衝動的で感情をコントロールできない、両親の監護力が不十分であるといったマイナスの情報が多く出てくることになります。こういった問題点を考えていくことはもちろん重要なことです。

　しかし、少年が立ち直っていくためには、少年の悪いところばかりではなく、良いところを見つけることが必要です。非行をしてしまったかもしれないけど仕事は休まずに通っていたとか、不良交友があるけれどもみんなから愛される性格でもあるとか、そういった部分を伸ばしていく過程を少年と共有することで、少年自身が非行を克服していけるのだという体験をすることができます。そのきっかけを見つけるのが審判の重要な役割であるはずです。

　そのために付添人が、こういう条件があれば指摘されている問題点を

克服できるのではないか、こういう取り組みや手助けがあればやっていけるのではないか、といった方向での視点を提供していくことが必要になります。

2 環境調整

　付添人の大きな役割の一つは、少年を取り巻く環境の調整です。調査官もケースワーク機能をもちますが、付添人がフットワークを活かして行う環境調整はケースを大きく動かすことがあります。事件までの段階では環境に大きな問題があったけれども、試験観察中に付添人がさまざまな形で環境に働きかけて変化を促し、その変化があれば少年はやっていけるという可能性を見つけるという面で非常に大きな意味をもちます。

　例えば、学校が少年の対応に疲弊していて受入れが困難な状態だったとします。このままでは在宅での処分が難しいでしょう。そこで試験観察中に、付添人が学校の先生や保護者を含めて話合いを続け、険悪だった学校と保護者との関係の調整を行ったとします。両者が連携して少年について考え、何かあったときに連携をとれるようにし、少年に対して適切に関われるようになれば、学校が少年を受け止める力が高まっていきます。審判までの状態で学校に戻っても少年が受け入れられずにうまくいかないように見えたかもしれませんが、関係性が変わった学校に戻って生活してみたら、少年は先生たちの関わりの中で徐々に変わっていくことができるかもしれませんし、多くの人に見守られながら学校生活に適応していくことができるかもしれません。

　こういった点は、付添人が精力的に環境調整に取り組んでいくことではじめて見えてくるものです。ときに、あまり経験のない若手の付添人が、少年のために必死になって関係者と会い、話合いを続け、熱意をもって働きかけることで、めざましい成果を上げることがあります。弁

第4章　弁護士付添人から見た試験観察の意義と課題

護士にとって、少年事件をやることは自分の仕事全体との関係では特別なことでもあります。その特別な事件に、特別な思い入れをもって、計算を捨ててなりふりかまわず少年のために奔走するなかで、付添人の熱意に少年や保護者や、その他の少年を取り巻く人たちが巻き込まれていきます。付添人としての専門性を発揮した結果ではないかもしれませんが、こうした付添人の活動が少年に大きな影響を与えることがあります。

③　施設内ではできないこと、既存の保護処分ではできないことをやる

付添人が試験観察中に少年に関わることは、終局決定後の処遇に代わる効果をもつ場合もあります。保護観察でも少年院でもできないが、試験観察によってできることというものも考えられます。

例えば、保護者が必死になって少年を受け入れてくれる職場を探します。少年は両親と話し合い、その職場に通います。少年は、ときには仕事を休んでしまったりしながらも、保護者やその職場の雇い主、調査官や付添人に見守られながら、徐々に仕事を続けていけるようになり、そのなかで達成感を得て成長していきます。この体験は、少年院で規則正しく職業訓練を受けることとはまったく異なります。社会内で誰も強制しないなかで、誰かと協力しながら、自分をコントロールできるようになるという体験をすることは試験観察でこそ実現できることです。

また、被害者への対応は、社会内でこそできる場面があります。付添人と何度も相談しながら被害者にお詫びの手紙を書き、そして直接謝りに行くことは社会内でしかできません。被害者に対面して謝罪することで被害者に対して責任を少しでも果たし、そして自らも被害者の心情に触れて内省を深めるという体験は、施設内で講演を聴いたりロールレタリングをするよりも重要な体験となることは言うまでもありません。

なお、試験観察を処遇ととらえる考え方に対しては、終局審判で決定

された処分と二重に処遇を受けることになるという批判もあるところですが、付添人の少年に対する働きかけは裁判所や少年院が働きかけるものとは異なると考えることもできます。付添人の働きかけは国家権力を背景にした強制力をもちません。少年に寄り添うパートナーである付添人が少年とともに話し合いながらやっていくことは、まさに少年自身が取り組んでいることであり、少年自身が変わっていこうとすることであると捉えることができるのではないでしょうか。

④ 内省の深まり

　付添人が何度も何度も時間をかけて面会し、全人格をぶつけていろいろなことを伝え、少年の心情を懸命に聞いているうちに、少年が心を開いてくるという体験をした付添人は多いのではないかと思います。そうやって付添人が関わるなかで少年の内省が深まっていくことがあります。

　付添人は、少年を処罰する人ではないし、評価する人でもありません。社会防衛や、学校や施設の秩序維持などといったことを考える立場でもありません。少年に寄り添い、一緒に考え、少年が自分で何かを決めていくのを援助することこそが役割です。こうした立場の付添人が懸命に少年と関わることで、少年と心情的に深くつながれることがあります。少年自身が望む方向に行くためだけに、少年と一緒に悩み続けることができるのです。

　付添人がこうした関わりをするには、少年と多くの時間を過ごすことが必要です。熱心な付添人たちは、調査官よりもずっと多くの回数と時間、少年と面会しているでしょう。5回、10回と面会を続けていく中で、徐々に子どもの表情が明るくなっていくことも少なくありません。ここは、調査官とはスタンスが大きく異なるところかもしれません。私の知る限り、熱心な付添人たちは、少年と距離をとろうとしませんし、

第4章　弁護士付添人から見た試験観察の意義と課題

中立であろうともしません。逆に、どれだけ少年のそばに近づけるかを突き詰め、全人格をぶつけて少年と関わろうとしていきます。

　審判までの状況ではまだ内省が不十分だったかもしれませんが、このような関わりによって審判までに少年が変化した様子を伝え、もう少し見守れば少年がより変わっていくかもしれないということを訴えていくことで違う処分の可能性が現れてきます。

5　**少年に肯定的なメッセージを伝えること**

　ときには少年院送致が必要な場面もありますが、やはり安易に選択すべきではありません。長期間にわたって身柄拘束をする処分だからということももちろんですが、それ以上に懸念すべきことがあります。それは、審判で、「もう一度チャンスがほしい、社会内で頑張りたい」と訴える少年に対して少年院送致の決定をすることは、「君に社会内でやっていく力はない、君が頑張ると言っている言葉は信用できない」という否定的なメッセージを与えることにもなってしまうからです。

　少年自身が、こうすれば社会内でやっていけるというプランを考え、その意見を裁判官に対して懸命に話して、それを認めてもらえて試験観察決定がなされるという過程を経ることで、少年は自己肯定感をもつことができます。そして、試験観察の中で自分が決めたプランを実現できれば、さらに自信をつけていくことができます。付添人が、「どうすればいいか一緒に考えよう」「きっと君はできるはずだ」というメッセージを出し続けながら少年に寄り添い続けることで、こうしたことが実現する可能性が高まっていくのです。

2．社会内処遇が適当だと思われるが、すぐに終局処分にするのは心配な点がある場合

　最初の審判までの段階で、少年院や児童自立支援施設といった施設処

遇の必要性までは認められず、保護観察もしくは不処分となることが前提とされている少年についても、すぐに終局処分を出さずに試験観察を活用するべきケースもあります。

　例えば、職場は決まっているけれども、少年の能力や態度から見てすぐに順調に仕事ができるかどうか不安があり、もしその仕事がうまくいかなかったら生活が崩れて悪い友達との夜遊びに戻ってしまうのではないかという心配があるときも考えられます。そういう場合は、試験観察にして、仕事が順調にいくかしばらく様子を見たり、少年が仕事についての不満を溜めていたら付添人が愚痴を聞いてあげたり、仕事をさぼることが増えてきたら中間審判を入れて裁判官からプレッシャーをかけてもらったり、といった形で仕事が継続できるように援助をしていくことが効果的な場合があります。

　こういった場合、もともとは、裁判所は保護観察にすることを考えていたところを、付添人がそれでは心配だと言って試験観察にするわけですから、少年に負担にはなるかもしれません。でも、付添人として、試験観察での援助を利用した方が少年の今後にとってプラスになると判断すれば、少年側の立場として、少年と話し合ったうえで、試験観察をするように主張することはありうるのではないでしょうか。私も、こういう形での試験観察の経験が数件あります。

●捜査段階における弁護士の活動と役割

　付添人活動の始まりは家裁送致後からではありません。とくに被疑者国選弁護制度が必要的弁護事件にまで拡大された2009年以降は、捜査段階から弁護人として少年に弁護士が付いているケースが非常に多くなりました。勾留時にすぐに国選弁護人が付いていたとすれば、弁護士

は、家裁送致されるまでに10日から20日は少年に関わっています。事実関係に争いのない事件であれば、捜査段階から前述のような少年に対する関わりは始まっています。家裁送致後、長くとも28日で終わってしまう少年審判においては、この10日から20日間の関わりの意味は大きなものになってきます。

　弁護士は弁護人として少年に何度も会い、保護者とも相談し、職場や学校ともコンタクトをとり始めているかもしれません。被害者とも接触していることがあります。家裁に初めて係属する少年の場合は、家裁は、送致されたときは法律記録以外に情報を持っていませんから、その時点では弁護士の方が多くの情報を持っています。そこで弁護士は、家裁送致後に付添人になったら速やかに調査官と面談して情報を提供します。すでにつかんでいる少年の問題点や、利用できそうな社会資源などについて話し合います。そうすることで、調査官の少年に対する理解の助けになる場合も少なくないでしょう。

●試験観察決定に至るまでの付添人の活動と役割

　試験観察に関わる付添人活動を説明するということは、結局は付添人活動のほとんどすべてを説明するということになってしまいますし、試験観察前後の活動は切り離せない部分も多いのですが、そのなかでもできるだけ試験観察に特有の部分について、試験観察決定に至るまでの活動を中心に検討してみたいと思います。

1．家庭環境に問題がある場合

　少年事件において、家庭環境が重要であることは言うまでもありません。付添人として、少年の家庭の問題を把握しておくことは必須です

し、その後の関わりのためにも少年の家族と直接話し合って信頼関係を作っておくことが必要です。

　付添人は、保護者を事務所に呼んで話を聞くだけではなく、できるだけ家庭訪問を行うべきです。少年が実際に住んでいる家に行ってみて、リビングや少年の部屋を見ることで、家庭の状況をより実感としてつかむことができます。また、家で打ち解けた雰囲気で話し合うことで、事務所での面接とは違う話が聞けることも珍しくありません。保護者にとって付添人が「家までわざわざ来てくれた」から話してくれることもあります。本来は調査官もこういった活動をすべきですが、忙しさからなかなか実現は難しい面もあるようで、通常は裁判所に保護者を呼んで面接が行われています。その点で、付添人が実際に家に行ってみた情報を調査官と共有することは大きな意味をもちます。

　なお、家族環境の調整をするといっても、付添人は、臨床心理士でもなければソーシャルワーカーでもありません。家庭に深く関わるのに十分な期間も与えられていません。付添人自身が家庭に介入して状態を劇的に改善させるようなことが困難であることは、自覚しておく必要があります。

　しかし、少年と両親の意思疎通ができていない場合に両者の間の橋渡しをしたりすることはよくありますし、それが少年や家族に良い変化を促している場合もあります。例えば、親が少年に口うるさく注意を続け、少年はそれに反抗し、顔を合わせると感情的になるというような状態になっている場合、付添人は、少年からは、親に対して素直には出られないけど心配してくれていることはわかっているということを聴き取ってそれを親に伝え、親からは、少年にどういうことを伝えたいかを聴いてそれを付添人が少年に伝えるといったことを繰り返すうちに、徐々に親子間のコミュニケーションがうまくいき始めることもありま

す。

　少年から、親がどう考えているのかを聴いてきてほしいとか、こうしてほしいから親と相談してほしいと頼まれて動けるのは付添人だけです。また、こうしたことは、何度も少年と会い、保護者とも関われる付添人だからこそ実現しやすいとも言えるでしょう。

　また、付添人が、保護者から民事事件の依頼を受けた弁護士として、債務整理や生活保護の受給の援助などを行うことにより、家族が抱える問題点が減少して家族関係が落ち着いてくるといったこともあります。家族関係の問題について、臨床心理士等と連携して関わっているケースもあります。付添人の創意工夫により、家族関係にさまざまな形で関わっています。

２．少年に資質上の問題がある場合

　少年事件においては、何らかの精神疾患があったり、発達障害、知的障害などの資質上の問題点をもつ少年が対象となることがあります。そのような問題をもつ少年の付添人として活動する際は、そのような問題のない事案と比べて困難が伴います。

　資質に問題があることが疑われる場合、まずどのようなところに問題点があるのかを早期に把握する必要があります。少年本人や保護者からの聴き取りから何らかの感触を得られる場合も多いですが、それをもとにして、できるだけ早期に調査官や鑑別所の心理技官から情報を得ることが必要となります。

　資質のうえで顕著な問題点がある場合は、積極的に精神科医や臨床心理士等の専門家と連携し、少年をバックアップする体制をとる必要があります。こうしたことは、保護者が積極的でない場合に裁判所が主導して動くことは難しいでしょう。少年審判には、医療機関にかかるよう命

令するといった処分はありませんし、裁判所にそのようなことをする権限がないからです。こうした動きも、付添人が保護者を説得して医療機関にあたるなどすることで実現していく場合があります。

そのうえで、付添人が問題点を正確に把握し、その問題に応じた対応をする必要があります。例えば、アスペルガー障害の少年について相手の気持ちを理解することが困難であるという特性を知らないままに接すれば、言葉でいくら内省を求めようとしてもまったく深まらず、少年にとっては理解できないことを要求され、お互いに大きなストレスがかかることになってしまいます。そのような際にどういう対応をしなければならないかについて適切な情報を得て、それを保護者とも共有していくことで良い方向に働く場合も少なくありません。

現れた問題点について、児童精神科医に通院して日常生活についてのアドバイスを受けながら試験観察を継続していくことなどもありますし、うつ病に罹患している少年について入院させるための援助をしたり、知的障害がある少年について療育手帳の申請をし、グループホームへの入所を図ったというケースの報告もあります。

また、環境調整においては、能力の問題から就労が困難になることがありますが、その少年の問題点を理解したうえで受け入れてくれる雇用主を探すことができれば、少年の立ち直りに大きく資することになります。

3．学校での問題について

審判では、中学生や高校生の少年が来ることが多いですが、その場合、学校に戻れる可能性を探ることは試験観察の大きな目的の一つになります。

中学生については、通常は、どのような処分になるとしても最終的に

は学校に戻ることが前提となりますから、学校とは比較的連携を図りやすいといえるでしょう。

　まず学校から、少年の学校生活に関する情報を得ることが必要です。少年が学校の中でどのように過ごしていたのか、授業には参加していたのか、クラスではどういう位置づけだったか、先生との関係はどうだったのか、信頼関係のある先生は誰か、友人との関係はどうか、他の非行傾向のある少年との付き合いはどうか、部活はどうか、少年の保護者の対応はどうか、といった情報をできるだけ詳しく聴き取るべきです。事件の前に学校でどのように過ごしていたのかということは、重要な問題になります。それまでは問題がなかったが突発的に生じたように見える事件なのか、それまでも先生や他の生徒との間でトラブルが起こっていたのか、起こっていたとしても口でのいざこざなのか、暴力があったのかといった点は、審判でどのような処分を選択するかにあたって重要な情報となります。

　また、学校に対して、少年審判の中でどのような手続を経るのか、少年がどのようなことを考えているのかを伝えていくことも必要です。非行の少ない学校等であれば、教員が少年審判についての知識をあまりもっていない場合も多く、さまざまな誤解も生じます。仮に少年院送致になるとしても、少年院に面会に行ってもらい、戻ってきたときの態勢を整えてもらうといったことも必要です。こうしたことについて、付添人が十分に説明して協力態勢をとっていく必要があります。

　また、学校内で生じた事件や、教師に対する暴行・傷害事件等の場合は、保護者が学校に対して敵対的になり、学校と保護者との間で話合いができない状態になっていることがよくあります。その場合は、付添人は、保護者からよく話を聴き、保護者側に寄り添いながらも、学校と連携することの必要性を保護者に説いたり、保護者の心情を学校に伝え、

また学校の意図を保護者に伝えるなどして、保護者と学校が連携できるように間をつないでいくこともあります。

　高校生については、多くの場合は退学の危険が生じますから、まずは学校に残ることができるようにするための活動が重要となります。

　非行の事実を学校に知らせないようにするというのも、一つのスタンスです。観護措置をとられて長期間学校を休まなければならなくなった場合は、学校に隠し通せなくなってしまうので、早期に学校に戻すために観護措置取消請求を行う場合もありますし、調査官による学校照会によって非行事実を知られることがないように、照会をしないように調査官と交渉することもあります。ただ、できれば、学校側も非行について理解したうえで、フォロー態勢をとってもらうことが望ましいでしょう。

　学校側が少年の復学に難色を示し、自主退学を勧告してくることはよくありますが、付添人が学校に赴き、少年の復学への意欲を伝えて粘り強く交渉することで、学校に戻れるようになったケースもあります。

　こういうケースで、学校に戻れたか戻れなかったかでは、少年のその後に非常に大きな影響を与えるでしょうし、それに応じて家裁がとるべき処分も変わっていくはずです。

4．就労先との関係について

　仕事をしていくことは、少年にとって学校と同様に重要な意味をもちます。規則正しく職場に通いながらきちんと仕事をしていくという生活態度を身につけることは、夜遊びをして不良交友を続ける状態から脱するきっかけになりますし、職場の中で、雇い主や先輩をモデルにして学び、非行から脱していくことも多く見られます。

　保護者と協力して少年を受け入れてくれる職場を探してきたりするの

は、付添人が活躍すべき場面です。その職場の雇い主に会いに行ってその情報を調査官に伝えたり、調査官と雇い主との面接が実現するようにセッティングすることもあります。

　また、少年が事件前からすでに仕事に就いており、雇い主や職場の人たちと良い関係をつくることができている場合は、その職場に戻れるように働きかけることも重要です。少年と話し合い、職場に戻って頑張りたいという意思を確認し、雇い主に会ってそれを伝え、雇い主が少年に面会に行ってくれるように頼み、再雇用を実現するといった活動が行われることもあります。

　良い雇い主や職場の先輩と出会うことは、少年にとって大きな成長のチャンスです。非行少年のことを理解して受け入れてくれる職場では、過去に雇い主自身も非行をしていた時期があるなどで少年についての理解を示してくれることもありますし、過去の自分の経験を活かして熱心に指導してくれる場合もあります。雇い主が審判に出席してくれ、自分が責任をもって少年を指導するから任せてほしいと力強く言ってくれることもあります。そういう職場につなぐことができたら、そこで少年がどう変わっていくかを試験観察で見極めていくことで、少年により良い変化をもたらすこともできるでしょう。

　遠方での住み込みの仕事を親族が探してきて、実質的に補導委託のような形で仕事をしながら試験観察をするケースもあります。このような働きかけは、地元にいては不良交友が断ち切れないという場合に有効です。

5．帰住先の確保

　少年に保護者がいなかったり、虐待があって両親のもとに戻せない場合などには、付添人は、審判までに帰住先を確保するよう尽力しなけれ

再非行少年を見捨てるな

ばなりません。戻るところがないから、施設に行くしかないという形で少年院送致になってしまう少年は残念ながら少なくありませんが、逆に言えば、帰住先を確保できさえすれば社会内で立ち直っていく力のある少年たちも少なくないということです。

また、これとは別の意味で、少年の生活環境を物理的・地理的に大きく変えることで、不良交友関係が断ち切れるなど、非行原因の解消が期待できるために、思い切って遠方の帰住先を模索すべきケースも考えられます。

こういう場合に付添人が果たす役割は重要です。保護者に対して、親戚や知人などで少年の受入れ先を探すように働きかけ、見つかった受入れ先の人と会ったり見に行ったりして、それについて少年と話し合ったり、裁判所に伝えていくのは付添人の役割です。具体的には、少年の祖父母や親戚といった身内の家を帰住先とするケースは多いでしょう。

問題は、少年の関係者方を帰住先として確保できないケースです。この場合、少年の帰住先を提供してくれるような各種機関や団体を探すことが必要になります。

具体的な方策としては、次のようなものが考えられます。

シェルターは、家庭での親子関係が崩れ、あるいは虐待に遭い、安全に暮らせなかったり、引受け先がない場合に、緊急に短期間滞在するための施設です。東京のカリヨン子どもセンターをはじめ、全国の数カ所でシェルターが精力的な活動を続けています。ここにつなぐといった活動は付添人がいることで実現しやすくなります。シェルターから自立援助ホームにつないだりすることもあります。ケースによっては、児童養護施設への調整を図る場合もありえます。

また、薬物依存の問題をもつ場合は、薬物依存症からの回復を図るための民間のリハビリテーションセンターである、ダルクへの入寮を調整

第4章　弁護士付添人から見た試験観察の意義と課題

することも考えられます。

　全国のいろいろな場所で、多様な施設が少年たちを受け入れる活動をしています。付添人による全国的なネットワークを活用できれば、そのときの少年にとって必要な施設につなぐことができる場合も多くなるのではないでしょうか。

●試験観察決定後の付添人活動

1．試験観察中の少年との関わり

　試験観察決定がなされた後は、裁判所は少年がどのように変わっていくのかを見極めるわけですが、付添人はその変化に寄り添って少年を支え続けていかなければなりません。ここからが付添人が活躍すべき場面です。試験観察決定にあたって付添人が示した社会内処遇のプランについて、付添人が主体となって実現していかなければなりません。少年から相談を受けたり、家庭訪問をしたり、少年と社会奉仕活動をしたり、被害者対応をしたり、やるべきことは山積みです。

　少年との関係では、日々刻々と変化していく少年の状態をできるだけ把握しておかなくてはなりません。後述のとおり、試験観察中に再非行などの問題が発生することはままあることですが、そうした問題の発生をできるだけ未然に防ぎ、あるいは発生した問題に的確に対処するためにも、可能な限り緊密に少年とコミュニケーションをとることが必要となります。少年を事務所に呼んで会うだけではなく、少年の自宅や職場に会いに行ったり、電話をしたり、携帯メールでやりとりをしたりする場合もあります。少年が仕事に行かなくなったり、生活が崩れ始めたりしたときには、付添人側が少年に会うために自宅やさまざまな場所に行くことが必要になっていくでしょう。

2．他機関との連携

やはり調査官との協働が中心となります。調査官との連絡を密にし、情報の共有を図ることは、最終審判において適切な処分が選択されるために必要なことであることはもちろんですが、試験観察中に少年を支えていく態勢を整えていくためにも重要です。

調査官との連絡は、電話で連絡をとったり、裁判所で面談したり、必要に応じて付添人が報告書を作成して提出する形で行われたりします。付添人が調査官による少年や保護者との面接に同席し、その機会に意見交換を行うケースも多くあります。

協働していくなかで、調査官と付添人が役割分担を図っているケースもあります。例えば、調査官が学校との連絡をとりながら少年と保護者には付添人が中心となって対応したり、調査官が厳しくして付添人が愚痴を聞く役だったり、いろいろな形があります。うまく分担ができればそれぞれが単独で活動するよりも、より効果的に関わっていくことができます。

学校との連携についてはすでに述べたとおりです。ほかにも、ケースによっては、児童相談所や福祉事務所、児童自立支援施設などとケース会議を行いながら進める場合もあります。

3．最終審判までに問題が生じた場合

少年の再非行をはじめ、補導委託先とのトラブル、さまざまな遵守事項違反など、試験観察中に問題が発生することは決して珍しくありません。こうした問題は、試験観察決定直後に発生することもあれば、最終審判直前に発生することもありますから、付添人は試験観察期間中は気を抜くことができません。

第 4 章　弁護士付添人から見た試験観察の意義と課題

　しかし、このことを過度に否定的に捉える必要はないのではないでしょうか。問題の発生は試験観察の失敗ではなく、むしろ少年に働きかける好機と考えることもできます。問題が発生することで少年を取り巻く具体的な問題点が明らかになることもあるし、発生した問題への対応によっては少年の環境を改善するきっかけにもなります。

　やはりいちばん大きな問題点は再非行です。審判の対象となっていた事件と同種の再非行がなされる場合は少なくありません。その場合、失敗したからすぐに観護措置をとって少年院送致へ向けて動くという流れにしてしまわないように注意しなければなりません。付添人はこの場面でも、試験観察を継続して少年が変化していく可能性を示唆する役割を担う必要があります。

　一口に再非行といっても、さまざまな状況が考えられます。例えば、傷害で試験観察中の少年が再度傷害事件を起こしたとしても、その態様には違いがあるかもしれません。最初の事件では被害者を攻撃する際に主導的な立場を担っていた少年が、試験観察中の再非行では、共犯少年から誘われていったん断ったものの、断り切れずにしぶしぶ参加したということがあったとすれば、少年がいったんはやめようとしたという変化を評価すべき場合もあります。また、まったく別の非行に及ぶ場合もあるかもしれません。単独での窃盗を繰り返して試験観察中の少年が、友人と一緒に原付で無免許運転をしたとしたら、これは非行が進んだと単純に評価はできないでしょう。再非行の罪質や態様をよく吟味して、前の非行事実とどう変化したか、どう関係しているかをよく見ていく必要があります。裁判官は、場合によっては試験観察をどのタイミングで打ち切るかということを考えるでしょうが、付添人は、どうすれば試験観察を継続できるかを最後まで模索し、それをぶつけ合うことで最終的に適切な判断ができるのです。

再非行少年を見捨てるな

　試験観察になるということは、少年院送致も十分に考えられるという、少年自身にも環境にも問題の大きいケースです。必然的にさまざまな不安を抱えた状態でのスタートにならざるをえません。最終審判まで問題が起こらないと確信できるなら試験観察にする必要はないわけです。むしろ、試験観察が始まったからといっていきなり生活態度が完璧になるはずはなく、学校に行けないことや仕事をさぼることもあるかもしれないし、人間関係のトラブルも起きるかもしれないし、場合によっては再非行だってあるかもしれないと考えて臨むべきでしょう。少年がそれをどう乗り越えるのかを付添人が一緒に考えていかなければならないし、少年が乗り越えられるという可能性を明らかにしていかなければなりません。そのことで少年が成長することを信じて寄り添うのが付添人の役割です。

　また、現れた問題点が重大であり、試験観察が続行できなくなるという場合もありえます。しかし、そうなったからといって、試験観察にしたことが無駄だったわけではありません。試験観察決定にする際、保護者や、学校の先生や、職場の雇い主や、裁判官や調査官や、そして付添人が、君は頑張ればやっていけるだけの力がある、一緒に頑張っていこう、というメッセージを少年に伝えようと努力したでしょう。そうやって受け入れられた体験は、きっとその少年の今後にとって良い影響を与えるのではないでしょうか。また、試験観察で失敗することは、少年にとって自分の問題点を理解させるきっかけになることもあります。いきなり少年院に送られるのでは納得がいかず、なかなか少年院での処遇の動機づけができない場合もありますが、試験観察でチャンスをもらったけれどもそれを活かせなかったのだから、気持ちを入れ替えて少年院で頑張ろうという動機づけができる場合もあります。試験観察で失敗したことを前向きに受け入れて次に進んでいけるようにするためには、やは

第4章　弁護士付添人から見た試験観察の意義と課題

り少年に寄り添い、一緒に考え続ける付添人の存在は不可欠でしょう。

●付添人から見た試験観察の課題

　試験観察は非常に有効な制度ですが、まだまだ活用されるケースが少ないということが最大の課題ではないでしょうか。その原因を付添人の側から見てみたいと思います。

1．ノウハウの積み重ねと共有
　まずは、付添人自身が試験観察に慣れていないために、本当は試験観察が適当な事案であっても、試験観察決定にすべきことを適切にアピールできていないことが挙げられるのではないでしょうか。試験観察を経験したことのない付添人も少なくはありません。統計をとったわけではありませんが、付添人をしたことのある弁護士のなかで、試験観察の経験のない弁護士の方が多いかもしれません。
　多くの付添人が試験観察に取り組みやすいようにするには、試験観察についてのノウハウを積み重ね、それを広く伝えていく必要があります。熱心な付添人たちの間では議論がされているかもしれませんが、一般に出版されているマニュアル等では意外と試験観察についてページが割かれていません。経験のない付添人からすれば、初めて試験観察をやろうとするときに具体的に何をすればいいのかについてイメージがもちにくい状況ではないかと思います。
　そこで、各地のケース研究会や、日弁連の付添人経験交流集会が果たす役割は大きいと思いますし、それを書籍や論文の形にして、全国の付添人がアクセスしやすい情報にしていく必要があるのではないでしょうか。

２．付添人の試験観察に対する認識（原因論と処遇論）

　刑事裁判になぞらえれば、少年院送致になることは実刑になることであり、試験観察になることは執行猶予になることであるかのように捉えている付添人が少なくないように感じています。

　そのような考え方に立てば、とにかく何でも少年院を避けて試験観察にすればいいというアプローチになりがちです。また、少年は事件にこれだけしか関わっていない、こんなに反省している、だから少年院に送るのはかわいそうなんじゃないか、試験観察で勘弁してあげてよ、という話になりがちです。これは基本的には刑事弁護と同じ思考法ですから説得力をもちにくいです。

　付添人としては、少年院ではかわいそうだから試験観察にするのではなく、この少年の具体的な状況からすれば少年院送致にするよりも試験観察にする方が少年の立ち直りが見込めるのだと、積極的な意味で試験観察を主張すべきです。例えば、このようなことが考えられます。

- この少年の場合は、親身になって受け入れてくれようとする雇い主がおり、家族のように面倒を見てくれる。少年院の職員との関わりでこのような体験をすることはできない。
- 付添人が少年と一緒に被害者に対面して謝罪させるつもりであるが、ここで被害感情に触れ、責任を自覚していくことができる。少年院の中では被害者へのロールレタリングしかできず、こういう体験はさせられない。
- 少年院では強制的に規則正しい生活ができるかもしれないが、この少年には、家庭の中で、家族がなんとか少年と関わりながら、しんどくても毎日仕事に行くという体験をさせた方がよい。
- 少年院送致にしたとしても、仮退院後に同じ不良交友関係のある場所

第4章　弁護士付添人から見た試験観察の意義と課題

に戻ってしまうなら、また非行に巻き込まれる可能性が高いが、仮退院時の保護観察所による帰住先の調整に任せた場合は、自宅以外の調整は望めそうにない。それなら、現時点で調査官と付添人が連携して遠方のシェルターや自立援助ホームを探して、自宅から離れた場所での自立を図れるように試験観察の枠の中で強く働きかけた方がよい。

　こういった理由で、少年院ではできないことが試験観察ならできる、その方が少年院送致にするよりも少年の立ち直りにプラスになる、だから試験観察にすべきである、という議論をするべきです。

　こうした議論をするためには、付添人が処遇についての知識をもつ必要があります。なぜ非行が起こったのかという原因論ばかりに話が向かってしまうと、問題が大きいから少年院、そんなに大きくないから試験観察という判断になってしまいます。そうではなく、少年院や児童自立支援施設では何をしているのか、そこから出たあとどうなるのかを知っていれば、それと比較して試験観察では何ができるのかという議論ができます。どちらの方がより少年にとってプラスになるのかという処遇論をするべきです。

　例えば、保護観察中にある事件を起こした少年が少年院送致になったとします。その少年が、少年院仮退院後まもなくの時期に同じような事件を起こした場合、少年の問題の大きさで処分を決めるなら再度少年院送致になるしかないでしょう。しかし、処遇論から考えれば、すぐに同じ少年院に戻して同じ処遇を繰り返すことは効果的ではないから、試験観察にして違う人たちが関わった方がいいのではないかという判断をすることもありうるわけです。

　少年の心理的な問題点を見つけてそのリスクを判断することは、鑑別所の心理技官や調査官が長けているかもしれません。しかし、付添人は環境調整に長けています。そして、その環境の影響の中で揺れる少年を

支えていくことに長けています。その違いを活かして、違う視点を示していくことが付添人の役割ではないでしょうか。

3．調査官や裁判官との成功体験の共有

　試験観察に慣れていないのは、場合によっては調査官や裁判官も同じかもしれません。若手の調査官や裁判官は、試験観察での成功体験をあまりもっていないかもしれません。問題を起こしそうな少年について、試験観察にして再非行されたらどうしようかと心配もするでしょう。そういうときに、付添人が、家裁と協力して少年を支えていくから、ぜひ一緒に試験観察に取り組んでみようという姿勢で持ちかけることができれば、調査官や裁判官も試験観察に踏み切りやすくなるかもしれません。

　そうして、1件、2件と成功するケースを増やしていけば、また付添人が連携してくれるなら試験観察をやってみようという雰囲気がつくられていくのではないでしょうか。付添人たちも自信をもって試験観察をやろうと主張していくことができるでしょう。とくに、家裁の規模が小さい地方では、こういう雰囲気を家裁や弁護士会の間でつくれるかどうかで運用が変わっていくのではないかと思います。

4．ケース研究会の活用

　家裁と弁護士会との間で、試験観察の成功体験を積み重ねていき、協力関係をつくるためには、ケース研究会を活用することが有益だと考えます。

　弁護士だけでケース研究をしているところも多いかもしれませんが、ぜひ、調査官や裁判官を招いてはどうでしょうか。少年院送致になったケースについて、担当調査官と付添人とが、なぜ違う意見を主張したの

かについて参加メンバーを交えて議論を闘わせてもいいでしょう。その
なかで相互の理解が深まっていくはずです。場合によっては、学校の先
生や児童相談所、少年院の法務教官、臨床心理士や精神科医などを加え
てやってみるのも、処遇に対する理解を深めていくうえではプラスにな
るはずです。

●最後に

　ここでは、付添人が関わることで試験観察にどのような意味をもたせ
ることができるか、付添人がどういう役割を果たすことができるかと
いったことについて試論も含めて述べました。もちろん、これは自戒も
込めてですが、すべての付添人がこのようなことができるわけではあり
ません。しかし、議論がなされていくことで、試験観察が活性化されて
いくことを願っています。

　付添人は、「少年のパートナー」です。少年に寄り添い、共に悩み、
少年が望む方向に行くことを支え続けることが役割です。調査官が行う
試験観察に、こうしたスタンスの付添人が加わることで、試験観察がよ
り多様化し、さまざまな形で少年の可能性が明らかにされていけば、付
添人が試験観察を担う意味があるといえるのでしょう。

第5章
再非行少年を見捨てないために
試験観察の課題について考える

岡田行雄

●再非行少年を見捨てないために考えるべきこと

　この章では、調査官や弁護士付添人による試験観察における取組みを踏まえたうえで、再非行少年を見捨てないために、試験観察制度が直面しているさまざまな課題について、考えてみたいと思います。

●試験観察の目的をどう考えるか？

　まず、試験観察の目的はどうあるべきかについて考えてみましょう。というのも、実は、試験観察の目的については、この期間に、通常の社会調査では収集できなかった資料を収集することに目的があるという見解以上に、少年の健全育成に向けてより積極的に処遇を行うことに目的があるという見解が強く主張されてきたからです。後者の見解が主張される実質的な理由は、試験観察中を通して保護処分の枠組みではなされないさまざまな処遇を試すことができる点にあるのでしょう。とくに、再非行少年の場合、第2章で紹介された事例における試験観察理由にも見られるように、このような見解に立って、調査官が試験観察を実施してみようと考えることは無理からぬことのように思われます。また、現実に、試験観察中に調査官や補導委託先の方々によって、さまざまな取組みがなされています。もっとも、補導委託先によっては、少年院と見

まがうばかりの処遇がなされるケースもあるようです。

しかし、試験観察の目的は積極的な処遇を行うことにあると解することには疑問があります。確かに、かつての少年法改正要綱において指摘されていた、試験観察が処遇を先取りするとの批判が、こうした見解には妥当することになるという問題もあります。しかし、より大きな問題は、試験観察中にこうした積極的な処遇がなされたうえで保護処分ないし刑事処分が選択されるとしたら、事実上は1つの非行で2回処分されてしまう点にあります。というのも、こうした事態は、「同一の犯罪について重ねて刑事上の責任を問われない」とする憲法39条の趣旨に実質的に反することになるからです。

したがって、試験観察の目的は、通常の社会調査では明らかにできなかった事実を明らかにするためにさらに資料を収集することにあると解するべきでしょう。さらに言えば、後述するように、再非行少年の場合、通常の社会調査ではなかなか明らかにされにくく、それゆえに試験観察を通して明らかにされることが期待される事実が多くあるのです。もちろん、このように試験観察の目的を解したからといって、調査官や補導委託先による働きかけが絶対になされてはいけないわけではありません。これも後述するように、少年が試験観察に積極的に取り組めるような働きかけが求められているのです。

●試験観察を通して明らかにされるべき事実

このように、試験観察は、通常の社会調査では明らかにできなかった事実を明らかにするためにさらに資料を収集することにあると解するべきですが、それでは、試験観察を通して何が明らかにされるべきなのでしょうか。

ところで、家裁が事件を受理して、裁判官が調査官に対して調査命令を発してから社会調査が始められますが、その際に、捜査機関などから送られてきた事件記録からは、事件内容だけでなく、それに至る短絡的な動機や事件について反省できていないこと、そしてそうした態度を生み出す性格などの問題点ばかりが浮き彫りになりがちだと指摘されています。とりわけ、再非行少年の場合、事件記録には、前件があったにもかかわらず本件に至ったことじたいに反省が欠如しているなどと、さまざまな問題点が数多く列挙されることになります。そのうえ、観護措置中の限られた時間内で行われる調査官による社会調査が捜査機関によってすでに明らかにされている問題点の確認に費やされてしまえば、少年の潜在能力や長所、少年を支える地域の人々などが隠れたままになってしまいます。なお、調査官の間では、短時間の少年との面接を通して、少年が抱える問題点はおおよそ発見できるが、少年の長所や少年を支える人々といった、少年が非行を克服し成長していく可能性を裏づける事実を発見することは難しいとの指摘もなされています。

　さらに、少年法は、社会調査のあり方について、医学、心理学、教育学、社会学などの経験諸科学を活用すべきことを定めており（9条）、ここから少年法の原則の一つとして科学主義が説かれてきました。そして、こうした諸科学は、少年事件の背景にあたる、事件の環境的要因や少年の特徴、そして少年が克服すべき諸課題を明らかにすることに活用されてきたのです。しかし、諸科学活用の結果、少年が直面する問題ばかりが明らかにされるのでは、かえって、少年を長期間社会から隔離する処分や、さらにはその命を奪う処分への根拠を提供することにつながりかねません。そうした諸科学活用は、少年法の目的である、非行少年の健全育成、換言すれば、少年が非行を契機として、自らが考えて非行から遠ざかり、社会を担えるように成長を遂げることに合致するので

第 5 章　再非行少年を見捨てないために

しょうか。さらには、社会調査は、少年の内心や、少年のみならず関係者のプライバシーをもその対象にしていますが、それが少年法の目的に合致しない結果をもたらすのであれば、憲法が保障する内心の自由やプライバシーを単に侵すだけのものになるのではないでしょうか。むしろ、諸科学も、発展途上のものに過ぎないという限界があり、ナチスドイツにおけるように、かつて科学の名の下に人権侵害が行われたことを踏まえると、それは、少年の権利を保障する方向で活用されねばならないはずです。

　そうすると、一定の期間を使って調査官が少年の様子を観察することができる試験観察には、捜査機関によって明らかにされることは期待できない、少年の潜在能力や性格面の長所、さらには少年の就業や修学を支援する人々といった社会資源などの存在を明らかにすることが求められていると言えるでしょう。こうした事実の発見こそが、少年の成長発達可能性を裏づけ、不必要な人権制約を防ぐことにつながるからです。さらに言えば、過去の事件に関する豊富な記録があっても、そこでは、少年にとってのマイナス面、ネガティブな面だけが強調されがちといわれる再非行少年ほど、こうした事実を発見するニーズは高いはずなのです。

　そして、このような少年の成長発達可能性を裏づける事実が発見されることは、当然、裁判官による終局決定にも役立てられます（第 2 章事例⑥など参照）。というよりも、むしろこうした事実が明らかにならなければ、たとえ最終的に刑事処分が選択されたとしても、そこでの処遇によって、少年自らが考えて非行から遠ざかり、社会を担えるように成長を遂げられるかどうかは偶然に左右されることになってしまうのです。

115

●試験観察における大きな裁量規制

　とりわけ再非行少年の場合、通常の社会調査では埋もれたままになりがちな、少年の成長発達可能性を裏づける事実を発見することが試験観察に求められるとすれば、試験観察はどのように進められるべきでしょうか。

　この点については、実は、少年法や少年審判規則に詳しくは定められていません。すでにご紹介したように、試験観察の期間については「相当の期間」と定められるのみで、制限はありません。また、試験観察中には、遵守事項を定め、少年にその履行を命じること、保護者に条件をつけて少年を引き渡すこと、そして、適切な施設、団体または個人に少年の補導を委託することの３種の措置をとることができると定められていますが（少年法25条２項）、例えば、遵守事項については、その事項を具体的かつ明瞭に指示し、少年をして自発的にこれを遵守しようとする心構をもたせるように努めなければならないと定められるのみで（少年審判規則40条２項）、遵守事項の内容をどう設定するかは、家裁に委ねられているのです。また、裁判官による試験観察の取消しや、その内容の変更などはいつでも可能とされていますが、その具体的要件は明らかにされてはいません（少年審判規則40条６項）。

　このように、試験観察に関する諸規定は、試験観察を弾力的に運用できるようにしており、それだけ、試験観察に関するさまざまな工夫を可能にしているとも言えます。しかし、だからといって、例えば、何度かの非行の間、学校の門すらくぐれなかった少年に試験観察を実施する場合、裁判官が、試験観察中の遵守事項を、一方的に、「毎日きちんと学校で授業を受けること」と設定してよいのでしょうか。このような遵守事項は、確かに具体的かつ明瞭でしょうし、少年の成長発達のために

は、一見する限り、妥当な遵守事項と言えるかもしれません。しかし、この遵守事項を守ることじたいが、少年にとって、きわめて高いハードルになることも明らかなように思われます。このように、一方的に課せられた遵守事項であれば、少年がそれを守ることができず、厳しい終局決定に至ることが危惧されます。このような事態を避けつつ、少年が自発的に遵守事項を守るようになるためには、試験観察に関わる手続における裁判官や調査官に与えられた大き過ぎる裁量は適切に規制される必要があるように思います。

●試験観察における少年の手続参加の必要性

　それでは、そうした大きすぎる裁量はどのような観点から規制されるべきでしょうか。そこで注目されるべきは、日本国憲法や子どもの権利条約に基づいて、その実現が求められている少年の手続参加です。

　もともと、少年事件の捜査や、少年審判での事実認定において、非行のない少年に誤って非行ありとの烙印を押さないために、少年の適正手続保障の重要性が説かれてきました。しかし、少年の自由を過剰に制約することが許されない以上、本来ならば、少年司法のあらゆる局面で、恣意・専断を排除するための手続保障が用意されなければならないはずです。さらには、子どもの意見表明権などを保障する子ども権利条約は、少年が非行を克服していくにあたって、その主体性を保障することも求めています。つまり、大人の言いなりになるだけでは、少年は他者の権利を尊重できるようには成長しないということが前提とされているのです。そこで、非行のある少年であっても、他者の権利を尊重できるように成長していくためには、捜査や審判だけでなく、少年司法のあらゆる局面で、少年は非行克服の主体として、その手続に主体的に参加

し、自由に意見表明することができるよう保障されなければなりません。

　したがって、手続参加は、社会調査、さらには試験観察においても実現される必要があるのです。確かに、かつては、社会調査では、まったく形式にとらわれず、少年と調査官が自由な雰囲気の中で、胸襟を開いて語り合うことの重要性が説かれ、黙秘権の告知すらこうした雰囲気を壊すものとして有害視されてきました。しかし、現在では、黙秘権の告知は適正手続保障の一環として社会調査においても必須のものとなっています。また、従来から少年法の理念であり、社会調査や試験観察の本質と考えられてきたケースワーク思想からも、少年の手続参加が帰結されます。というのも、この思想は、少年の人格の尊厳を認め、さらに少年の生活の自立ないしは行動の自己決定を尊重するところにその根源があり、少年の人格を尊重しながら、自らの力で非行性を解消していくことを信頼し援助しようとするものだからです。

●試験観察における少年の手続参加の具体的内容

　そこで、以下では、試験観察における少年の手続参加を実現するには、どのようなことがなされるべきかを考えてみましょう。

　まず、試験観察決定にあたっては、裁判官や調査官が、試験観察制度の趣旨、試験観察の目的を、個々の少年の理解力などに応じて懇切に説明することが必要でしょう。とりわけ、試験観察が少年の成長発達可能性を裏づける事実を発見するために行われることが少年にしっかりと伝えられる必要があります。このような説明がなされたうえではじめて、少年も試験観察に積極的に参加できることになるでしょうし、逆に、このような説明を欠いたために、試験観察の趣旨を少年が正確に理解して

第 5 章　再非行少年を見捨てないために

いないようでは、およそ、少年が試験観察に主体的に参加することは不可能でしょう。

　次に、試験観察中の観察方法については、少年との協議のうえで具体的に決定される必要があります。例えば、試験観察中の調査官による連絡・訪問方法やその間隔、さらには、少年が対応できない場合の代替手段などが協議の対象として考えられます。

　そして、試験観察中に遵守事項を定める場合には、この設定手続に少年が関与することが求められます。具体的には、試験観察の目的を達成するために必要不可欠と思われる遵守事項案や、それに少年が違反した場合の対処方法案が少年に提示され、それに対する少年の意見を十分に聴いたうえで最終的な遵守事項が設定される必要があります（第 2 章事例①などにこうした取組みが示されています）。このような手続を経ることで、少年が遵守困難な遵守事項が設定されることは防止できるでしょうし、少年が遵守事項を自発的に遵守しようとすることが可能となるのではないでしょうか。

　また、補導委託がとられる場合にも、試験観察の目的を達成するために必要不可欠な補導委託の受託候補者が選定されたうえで、少年に受託候補者がどのような方か、実際に少年が委託される場所やその住環境等について、情報を提供し、少年の意見を聴いたうえで補導委託が行われる必要があります。さらに、可能な限り、補導委託が決定される前に、調査官が間に立って、少年と受託候補者が直接会って、委託先で守るべきルールや、トラブルが起こった時の対処等についても、少年と受託候補者との間での合意が形成されるべきでしょう。

　なお、少年の手続参加を実現するためには、試験観察が終了するおおよその期間についても、裁判官ないし調査官から提示され、少年の納得を得る必要があるように思われます。これは、少年を徒に不安にさせな

119

いためでもありますが、なによりも、少年が目標をもって試験観察に参加していくために重要だからです。

　最後に、こうして少年との合意のうえで決定された観察方法、遵守事項、補導委託先、試験観察のおおよその期間を変更する必要が生じた時は、変更の必要性について少年に十分な説明がなされ、それに対する少年の意見を十分に聴く必要があります。そうした少年の意見を聴く場を確保するために、あらためて審判を開くことも考慮されるべきでしょう。確かに、試験観察中には臨機応変な対応も必要でしょうが、重要な場面では、こうした中間的な審判を開く手間がかけられる必要があるように思われます（第2章事例⑤では実際にこうした取組みがなされています）。

●試験観察中の働きかけ

　以上のように、社会調査のみならず試験観察においても、少年の手続参加が具体的に実現しなければならないとすれば、調査官等による試験観察中の働きかけはどのようになされるべきでしょうか。

　確かに、再非行少年の場合、試験観察に際しては、かなり強力な働きかけが必要だと調査官が考えることは無理からぬことだと思います。しかし、あくまで試験観察は社会調査の一環として少年の成長発達の可能性を裏づける事実を発見するものと位置づけ、その間にも少年の手続参加が実現しなければならない以上、例えば、少年の手続参加を阻害するような、調査官や補導受託者などによる一方的な働きかけは問題があると言わざるをえません。

　したがって、試験観察中の少年への働きかけも、少年の手続参加を阻害することがないように、例えば、遵守事項や約束事項を守るために役

立つヒントやアドバイスを与え、あるいは少年に手本を示すなど、少年が自分で考えて、自発的に変わることができるようにするものが中心でなければならないでしょう。

●試験観察に向けた人的・物的手当て

　上で指摘したような、あるべき試験観察が実現されるためには理論的な裏づけだけではなく、人的・物的な手当ても必要不可欠です。確かに、試験観察が減少してきた背景としては、第1章で指摘したように、保護処分の多様化や少年事件の画一的で迅速な処理が進められたことが挙げられますが、他方で、弁護士付添人からは、調査官が多忙なために試験観察を実施する余裕がないことも指摘されているからです。また、旭川家裁のように、そのマンパワーに比べてあまりに広大な管轄地域を持つ家裁では、試験観察の実施率が、他の家裁と比べて極端に低いことも明らかにされています。さらには、補導委託を受け入れる個人や団体も減少傾向にあることは、かなり以前から指摘されてきました。

　そこで、とりわけ再非行少年に対して、あるべき試験観察が実現されるためには、どのような人的・物的手当てが必要かを、以下では考えてみましょう。まず、少年事件を担当する調査官への人的手当てが必要でしょう。もっとも、調査官の定員は、この30年以上も大きく増員されることはなく全体で1,500人程度に抑えられてきました。そして、以前はその半数以上を少年係の調査官が占めていましたが、民法で成年後見制度が導入され、2004年には人事訴訟が家裁に移管されたことによって、現在では、配置転換を通して、家事係の調査官がその半数以上を占めるようになったと指摘されています。確かに、家裁に係属する少年事件の数はこのところ減少しています。しかし、1980年代に進められた

簡易迅速な社会調査を改め、あるべき社会調査や試験観察を実施するのであれば、少年係調査官の削減は適切ではありません。

　次に、広大な管轄地域を持つ家裁に対しては、単純に少年事件数に合わせて少年係調査官を配置するのではなく、管轄地域の広さをも考慮した配置が求められます。さらには、管轄地域内の移動や連絡に配慮した予算措置も必要でしょう。

　最後に、補導委託を受け入れる個人や団体を増加させる手当てとしては、従来から、補導委託先が安心して少年の補導を受託できるように、試験観察中の少年が補導委託先に損害を与えた場合に、委託先が国家賠償や補償による救済を受けられるような立法措置の必要性が説かれてきました。しかし、それ以上に重要なことは、新たな補導委託先の開拓です。これは、補導委託先のバラエティを増やすためにも必要不可欠と言えます。もっとも、２〜３年で広域な転勤を繰り返すことを余儀なくされている調査官が、補導委託先を新規に開拓することはきわめて困難と言わざるをえません。というのも、適切な個人や団体に補導委託先となってもらうには調査官が地域の人々との信頼関係が築かれることが、まず、必要不可欠な前提ですが、それを実現するには、１つの家裁に勤務する期間が短すぎるからです。したがって、新規の補導委託先開拓に向けては、こうした最高裁主導の転勤政策こそ見直されなければならないはずです。

●試験観察の担い手拡大

　もっとも、公務員削減が叫ばれる現状で、こうした人的・物的手当てを直ちに実現することは非常に困難であろうと思います。そこで、これとは別に、よりよい試験観察実施に向けて、直ちに実現可能な工夫も考

える必要があります。

　その一つは、試験観察を、調査官1人で担うのではなく、複数の調査官で実施することです。例えば、母親の過干渉という課題にも少年が直面している場合には、少年に働きかけを行う調査官とは別の調査官が母親への働きかけを行うことなどが例として考えられます。実務上行われている共同調査の延長として、多様な課題に直面している少年の場合に実施することは今すぐにでも可能でしょう。

　しかし、調査官が上で見たように多忙な現状では、試験観察を調査官だけでなく、付添人をはじめとした少年を支える人々とともに担えるようにすることこそ、より必要な工夫でしょう。付添人のほかには、少年が学校に通うことが課題の一つであれば、その学校の教員、14歳未満の少年のケースや家裁以前に児童相談所にケースが係属していたなどの場合では当該児相の児童福祉司や心理判定員、少年が精神的・心理的な問題を抱えている場合には精神科医や心理カウンセラーなどが、調査官と共同で試験観察を担う者として考えられます。物的・人的手当てが直ちにつかないのであれば、再非行少年が抱えている課題や、地域でのマンパワーに合わせて、調査官が、担い手の組合せを考え、担い手に連絡をとり、試験観察のコーディネーターとなり、いわばチームを組んで試験観察を実施することが、直ちに実践に移されるべきでしょう。

　もっとも、このようなさまざまな担い手とのチームを組んだ試験観察を実現するためには、それぞれの地域で少年を支えることができる人々との日常的な信頼関係の構築が必要不可欠です。しかも、こうしたつながりは一朝一夕でできるものではありません。したがって、このように調査官のマンパワー不足を補う可能性を持ったチーム制の試験観察を実施するためにも、そのコーディネーターとしての調査官に2～3年で広域の異動を事実上強いてきた最高裁の転勤政策は見直されなければなら

ないのです。

●試験観察中の再非行の評価

　非行少年が一直線に改善するケースばかりではないということは、少年司法の実務に携わる担い手が共有している感覚だと思われます。そうすると、試験観察中に新たな非行が発覚する場合をどのように評価すべきかは、ここで検討しておかねばならない重要なテーマだと言えます。

　ところで、このような場合、試験観察は失敗であったと評価することが一般的であったように思われます。すなわち、再非行が発覚した段階で、速やかに少年院送致や逆送決定を行うことが当然だと考えられてきたと言えるでしょう。しかし、試験観察中の再非行によって、直ちに試験観察を失敗と評価し、それを終了させることだけが正しいあり方なのでしょうか。

　他方で、試験観察中の再非行を直ちに失敗と評価することには慎重な見解も主張されています。たとえ試験観察中に再非行があったとしても、それを契機に、少年との信頼関係がさらに深まり、少年が成長発達する可能性を裏づける事実を発見できるのであれば、当該試験観察じたいは必ずしも失敗ではないというのです。

　少なくとも、試験観察の目的を、少年が成長発達する可能性を裏づける事実をさらに発見するためと解する以上、試験観察中の再非行を直ちに失敗と捉えることは、あまりにも短絡的だと言えます。むしろ、再非行がどのようなものかを丹念に調査したうえで、少年が前件の時点よりも非行から離れようとした事実が認められるのであれば、それこそが少年の成長発達可能性を裏づける事実ではないでしょうか。このような場合に、必ずしも試験観察を行うべきではなかったとは言えないように思

われます。

　確かに、試験観察中に再非行があったことが認定される以上、それに関する課題が少年に残っていることは事実でしょう。しかし、成長発達の可能性を裏づける事実を発見するために試験観察が行われる以上、たとえ試験観察中に再非行があったとしても、終局決定を行うに十分なほどの資料が集まっていない場合には、試験観察を続行することも検討されるべきでしょう。また、現に試験観察中に再非行が認められたケースでも、試験観察が続行されるケースは稀ではないのです（第2章事例⑧参照）。

　したがって、試験観察中に再非行が認められたケースのすべてで、直ちに試験観察が失敗だったと評価することは妥当ではありません。このような場合に、少年院送致決定などを行わねばならない場合もあるでしょうが、試験観察じたいを失敗と評価すべきかどうかは、さらに丹念に検討される必要があるように思われます。

●検証に向けたデータの公表

　上で見たように、とくに再非行少年への試験観察を念頭に置く場合、試験観察の成果をどのように評価すべきかが問われています。そして、その課題は、試験観察制度それじたいの評価、あるいは、試験観察制度の検証にも直結していると言うこともできます。本来、少年法が用意している諸制度は、少年法、さらには日本国憲法や子どもの権利条約の趣旨に沿って運用されているのか検証されねばならないはずです。それでは、この課題にはどのように取り組むべきでしょうか。

　本来、こうした検証にあたって必要不可欠なものはデータでしょう。しかし、これも第1章ですでに見たように、1999年以降、試験観察に

関する統計には変更が加えられ、データの内容が急に希薄になりました。その後も、試験観察については、その種類・期間のほかは、少年の年齢、試験観察後の終局決定や、試験観察が行われた非行名が明らかとされているだけで、かつては明らかにされていた、前処分の回数、前処分の内容といった再非行少年への試験観察を検証するうえで重要なデータは公表されなくなっています。

また、1998年以前では、家裁ごとの試験観察実施数も明らかにされていましたが、これも1999年以降は公表されていません。したがって、公表される統計による限り、家裁ごとに、試験観察の実施率がどれほど異なっているかを知ることはできなくなっているのです。

さらには、過去に少年院送致決定を受けた少年が、新たにどのような非行で試験観察決定を受け、どのような終局処分を受けたのかというデータは、これまでのところ明らかにされていません。しかし、こうしたデータが公表されれば、過去に少年院に送致されるほどの問題を抱えていた少年が、たとえ再非行に走ったとしても、試験観察を経て、社会内処遇でどれほど終局できたかという、試験観察の機能を知るうえで重要な手がかりを得ることができるのです。

確かに、統計上の数値だけで試験観察の成果を検証することには限界はありますが、1999年以降は、再非行少年への試験観察の質を評価する手がかりすらない状態であることは大きな問題と言わざるをえません。したがって、最高裁がこのようなデータを収集しているのであれば、できる限り速やかに公表すべきです。

●専門性を向上させるための情報の共有

再非行少年への試験観察中に、少年が新たな非行をしたことが明らか

になった場合でも、直ちにこの試験観察を失敗と評価することは避けるべきですが、再非行少年が試験観察中に新たな非行に走ることを恐れて、調査官が再非行少年への試験観察に消極的になることが危惧されます。調査官が、このようなリスクを恐れて試験観察に消極的になれば、試験観察の数が減るだけでなく、少年の成長発達可能性を裏づける事実が発見されなくなるのではないでしょうか。

　従来、調査官が試験観察をやってみようと考えるには、先輩の調査官や裁判官が積極的に試験観察を実施している雰囲気が大きな影響を与えているといわれてきました。その背景には、試験観察が実施された事例について、調査官や裁判官を交えたケースカンファレンスが家裁内で頻繁に行われてきたことが大きく関わっているように思われます。というのも、試験観察の経験がない調査官であっても、そうしたカンファレンスで、試験観察がどのような事例でどのように行われ、それがどのように終局決定等に活かされ、その後、少年はどのようになっていったのかという情報を把握することを通して、自信をもって試験観察が必要だとの意見を裁判官に提出できるようになるからです。こうして調査官が試験観察事例の経験を積み、研鑽を重ねることで、はじめて試験観察の数も質も高まるはずなのです。

　このように、調査官が、試験観察事例の情報を豊富に把握することが、再非行少年への試験観察の実施にとってきわめて重要であると考えられます。言い換えると、社会調査のみならず、試験観察の実施にあたっては、調査官の専門性を向上させる取組みが不可欠なのです。しかし、調査官の間で、そうした専門性を向上させるための取組みが十分になされているのかは疑問です。というのも、最近では、調査官の間で、具体的な少年事件の事例を検討する機会すら減少しているともいわれているからです。また、転勤が頻繁なために、自身が担当した事件の少年

がその後どのようになったのかを調査官が把握することは、まして困難な状況にあります。

　確かに、家裁内で情報を得る機会が減少しても、調査官が裁判所職員研修所での研修に参加して試験観察について情報を得ることは可能でしょう。しかし、試験観察の実施にあたっては、地域ごとに異なる事情のなかで工夫をすることも必要な場合がある以上、やはり研修所での情報収集だけでは不十分であると言わざるをえません。

　したがって、まずは、試験観察に関する情報を、少なくともその最重要の担い手である調査官が可能な限り共有できるように、試験観察事例に触れる機会を増やすことが必要不可欠です。こうした調査官の専門性を高めるための初歩的な取組みすらなおざりにされるのであれば、そもそも、その採用や研修制度の独自性を失いつつある調査官に、試験観察に関する大きな裁量を渡してよいのかも問題となります。というのも、1985年に国連総会で採択された少年司法運営に関する国連最低基準規則（北京ルールズ）6条は、少年司法運営のさまざまな段階において適切な範囲の裁量が認められねばならないが、その裁量を行使する者は特別の訓練を受けた者でなければならない旨を定めており、その専門性に担保の欠けた調査官に大きな裁量を与えることは、この規定に反することになりかねないからです。

　さらには、試験観察の事例検討は、家裁内だけではなく、弁護士などの試験観察を担いうる地域のさまざまな人々との間でもなされる必要があります。例えば、試験観察を支えうるさまざまな担い手が参加できる、事例検討を中心とする研究会が全国各地で開催されるようになることが、試験観察を質量ともにレベルアップさせるためには望ましいと言えます。こうした事例研究会を通して、担当した調査官が、どのようにして少年の成長発達可能性を裏づける事実を発見できたか、あるいは、

試験観察中に生じたさまざまな問題に、他の担い手と連携してどのように取り組んだかなどを学ぶことこそ、再非行少年への試験観察の数と質を高め、少年に対する不必要な自由剥奪を避けることにつながると思われます。逆に、このような取組みが欠ければ、再非行少年への不必要な自由剥奪処分の増加という結果を招くことになるでしょうが、そうした事態は、子どもの権利条約や日本国憲法に反するものであることも銘記されなければなりません。

　もっとも、事例検討の参加者が多様となればなるほど、当該検討ケースに出てくる少年や関係者のプライバシーをどのように保護するかという別の課題も生じざるをえません。そこで、検討事例に出てくる少年や関係者にあらかじめ同意をとる、あるいは、検討に使用した資料は、研究会の後に直ちに回収し廃棄するなど、少年や関係者のプライバシー保護との両立を実現させる適切な方法の検討も重ねられる必要があるでしょう。

●年齢超過逆送の見直し

　最後に、再非行少年が20歳間近である場合、試験観察を実施しようにも、そのための十分な期間が確保できず、実施できないという問題があります。というのも、実務上、調査期間中に少年が20歳を超過してしまった場合、検察官に逆送することになっているからです。

　しかし、その根拠とされている条文は、「調査の結果、本人が20歳以上であることが判明したときは、……事件を……検察官に送致しなければならない」(少年法19条2項)というもので、「調査の過程で20歳を超過したときは」というものではありません。したがって、調査の途中で20歳になった者をも逆送してしまう実務運用には、まず法解釈の点で疑問

があります。

　なによりも、この条文のために、試験観察を通して、十分な社会調査を行い、少年の成長発達可能性を裏付ける事実を発見できるにもかかわらず、20歳間近の少年にはそれができないため、当該少年が非行を克服するための適切な終局決定がなされないとすれば、少年の権利保障という観点からも大きな問題です（このような問題は第2章事例③でも示唆されています）。

　さらに、20歳間近で家裁に送致される少年事件のなかには、捜査機関の都合で送致が遅れたものも少なからず含まれていると思われます。そうなると、年齢超過逆送を行う実務運用は、捜査機関の都合によって、十分社会調査を踏まえた少年審判を行うという家裁の権限を制約する結果をもたらすのです。

　また、近時、選挙権が与えられる年齢を18歳に引き下げようとする法改正の必要性を契機に、少年法における20歳という成人年齢をも18歳に引き下げようとする動きが顕在化しています。もし、年齢超過逆送の実務運用を放置したまま、少年法の成人年齢を18歳に引き下げた場合、以上で指摘した問題は、より早期に、そしてより多くの少年に、生じることになるでしょう。

　ところで、保護処分決定に対する抗告中に少年が20歳を超過したうえで、当該保護処分決定が著しく不相当であるとして取り消された場合、家裁へ差し戻された事件は逆送されてしまうので、20歳間近の少年は抗告を躊躇せざるをえなくなるとして、こうした運用に対して、かつて裁判官から問題が提起されたことがありました。そして、こうした問題提起を受け、1977年の法制審議会による少年法改正に関する中間答申では、「差し当たり速やかに改善すべき事項」として、送致時に20歳未満の少年については、20歳に達した後も一定期間内は家裁におい

て審判できるようにすることが挙げられていたのです。

　しかも、20歳を超えた者であっても、少年院への収容継続や戻し収容の是非を判断する際には、家裁で少年審判に準じた手続が行われますから、20歳以上となった元少年に試験観察を経て審判を行うことは、家裁にとって決して経験のないことではないのです。

　これだけの理由があるのですから、家裁送致後に少年が20歳を超過したら一律に逆送されてしまう実務運用は直ちに見直されるべきです。こうした見直しを通して、20歳間近の再非行少年にも、試験観察の途が開かれ、その成長発達可能性を裏付ける事実の発見が可能になるはずなのです。

参考文献一覧

【単行本】

- 全司法労働組合編『家裁少年審判部』(大月書店、1984年)
- 高松少年非行研究会編著『事例から学ぶ少年非行――真の少年非行対策をめざして』(現代人文社、2005年)
- 田宮裕・廣瀬健二編『注釈少年法〔第3版〕』(有斐閣、2009年)
- 寺尾絢彦『家裁調査官が見た少年法50年――司法的機能と福祉的機能の調和』(現代人文社、2003年)
- 寺嶋洋平ほか『家庭裁判所調査官による試験観察の運用について』(家庭裁判所調査官実務研究報告書4号、1993年)
- 第一東京弁護士会少年法委員会編『少年の帰る家――子ども教育と補導委託』(ぎょうせい、2006年)
- 第一東京弁護士会少年法委員会編『子ども・家庭…そして非行――補導委託の現在と子ども教育』(ぎょうせい、1994年)
- 第二東京弁護士会子どもの権利に関する委員会編『新・少年事件実務ガイド〔第2版〕』(現代人文社、2009年)
- 花輪次郎『家庭の愛を下さい――「非行少年」と共に』(一光社、1992年)
- 福岡県弁護士会子どもの権利委員会編『少年事件付添人マニュアル〔第2版〕』(日本評論社、2009年)
- 福岡県弁護士会子どもの権利委員会編『少年審判制度が変わる――全件付添人制度の実証的研究』(商事法務、2006年)

【論文等】

- 大野憲和ほか「累犯少年の処遇についての諸問題」家裁月報42巻6号(1990年) 91〜155頁

参考文献一覧

- 岡田行雄「試験観察のあり方」龍谷大学矯正・保護センター研究年報6号（2009年）101〜119頁
- 岡田行雄「累非行少年による重大事件における試験観察」熊本法学119号（2010年）250〜216頁
- 岡田行雄「少年司法における科学主義の新たな意義」森尾亮ほか編『人間回復の刑事法学』(日本評論社、2010年) 303〜323頁
- 香川弁護士会「試験観察の活用について──各地の付添人のケースの分析から明らかになること」日弁連ほか『第18回全国付添人経験交流集会報告集』(2008年) 203〜243頁
- 廣田邦義「調査官との対話──処遇論からのアプローチ」日弁連ほか『第18回全国付添人経験交流集会報告集』(2008年) 7〜20頁

むすびに代えて

　以上、再非行少年であっても、その成長発達を保障できるように、試験観察制度に注目し、その現状とさまざまな課題を見てきました。
　確かに、試験観察にはさまざまな課題がありますが、他方、本書で紹介した調査官の取組みからは、試験観察にはさまざまな意義や可能性があるということがおわかりいただけるのではないかと思います。
　本書は、執筆者のお一人である廣田邦義調査官が2010年度末で退職されることから、廣田さんをはじめ、試験観察を熱心に支えてこられた現場の調査官の取組みを、ここできちんとまとめておこうという趣旨で企画されました。
　かつては、専門の試験で採用され、独自の研修所で養成されてきた調査官ですが、既に調査官研修所は書記官研修所と統合され、採用試験までも統合されることになりました。その意味では、調査官の専門性は大きな危機にあると言えます。仮に、これまでに培われてきた調査官の専門性が失われてしまうとしたら、少年司法における家庭裁判所の専門性・科学性は誰が担えるのでしょうか？
　このように、少年司法の専門性・科学性は危機的状況にあると言えますが、少年司法のさまざまな担い手が、これまでに培われてきた大切なものをしっかりと継承していくことが、こうした危機的状況において必要な取組みではないかと思います。しかし、それは、本書の事例に出てくる調査官や弁護士付添人などの取組みをただ真似ればよいというもの

ではありません。調査官や弁護士付添人だけでなく少年を取り巻く状況は、これからも刻々と変化していくことでしょう。そうすると、かつてと同じ取組みをしたからといって、かつてと同じ成果が出るとは限りません。なにより、少年一人ひとりには個性があり、一人ひとり異なっています。したがって、本書を通して、本当に大切なものをしっかりと把握するだけでなく、時代状況や地域の状況を踏まえ、そして、なによりも個々の少年に合わせて、本書で紹介された取組みにさらなる工夫を加えて実践に移していく姿勢が、大切なものを継承するには不可欠だと言えます。

　本書がこうした大切なものの継承に少しでも役立ち、本書を通してまかれた「種」が各地で発芽し、それが大きく成長していくことを、私たち執筆者は心から希望しています。

　最後になりましたが、本書の出版にあたっては、現代人文社の北井大輔さんに大変お世話になりました。心よりお礼申し上げます。

岡田行雄

＊本書は、科学研究費補助金（基盤研究（C））「少年の再非行防止対策に関する基盤的研究」の研究成果の一部である。

【編著者紹介】

岡田行雄（おかだ・ゆきお）
1969年長崎県生まれ。熊本大学法学部教授（刑事法、とくに少年法を専攻）。
これまで、家裁調査官による社会調査や試験観察のあり方について、主に研究を進めてきた。現在は、再非行を少年司法の単なる失敗と捉えることに疑問をもち、私たちが再非行をどのように受け止めるべきかについて研究を進めている。

廣田邦義（ひろた・くによし）
1950年香川県生まれ。高松家庭裁判所丸亀支部家裁調査官。
地域に根ざした活動を目指して、転勤せずに小さな家裁で少年事件に取り組んできた。モットーは「事例から学ぶ」。香川県内の弁護士や臨床心理士等との事例研究会を続けている。趣味はテニス、オーディオ、栗林公園散策。

安西 敦（あんざい・あつし）
1971年香川県生まれ。2000年に弁護士登録。日本弁護士連合会子どもの権利委員会幹事。少年事件や刑事事件、体罰やいじめなど子どもの権利に関する問題に取り組んできた。犯罪をしてしまった人たちの社会復帰と、犯罪被害者支援の両方をテーマに弁護士活動を続けている。

＊第2章の事例掲載にあたっては、全国各地に勤務するベテラン・中堅・新進気鋭の家裁調査官である下記の方々からご協力をいただきました（順不同）。
土持さやか／宮脇俊二／畠毅郎／西浦有紀／廣田邦義

再非行少年を見捨てるな
試験観察からの再生を目指して

2011年3月31日　第1版第1刷

編著者	岡田行雄・廣田邦義・安西敦
発行人	成澤壽信
編集人	北井大輔
発行所	株式会社 現代人文社

〒160-0004 東京都新宿区四谷2−10 八ツ橋ビル7階
Tel: 03-5379-0307 Fax: 03-5379-5388
E-mail: henshu@genjin.jp（編集）hanbai@genjin.jp（販売）
Web: www.genjin.jp

発売所	株式会社 大学図書
印刷所	株式会社 平河工業社
装　画	中島梨絵
装　幀	Malpu Design（清水良洋）

検印省略　Printed in Japan
ISBN978-4-87798-469-4 C3032
©2011 OKADA Yukio, HIROTA Kuniyoshi, ANZAI Atsushi

◎本書の一部あるいは全部を無断で複写・転載・転訳載などをすること、または磁気媒体等に入力することは、法律で認められた場合を除き、著作者および出版者の権利の侵害となりますので、これらの行為をする場合には、あらかじめ小社または著者に承諾を求めて下さい。
◎乱丁本・落丁本はお取り換えいたします。